U0085808

世紀
人物 100

永恆之星

富蘭克林

孟　絲　著

三民書局

獻給孩子們的禮物

主編的話

世界上最幸福的孩子，是他們一出生就有機會接近故事書，想想看，那些書中的人物，不論古今中外都來到了眼前，與他們相識，不僅分享了各個人物生活中的點滴，孩子們的想像力也隨著書中的故事情節飛翔。

不論世界如何演變，科技如何發達，孩子一世幸福的起源，仍然來自於父母的影響，如果每一個孩子都能從小在父母親的懷抱中，傾聽故事，共享閱讀之樂，長大後養成了閱讀習慣，這將是一生中享用不盡的財富。

三民書局的劉振強董事長，想必也是一位深信讀書是人生最大財富的人，在讀書人口往下滑落的多元化時代，他仍然堅信讀書的重要，近年來，更不計成本，連續出版了特別為孩子們策劃的兒童文學叢書，從「文學家」、「藝術家」、「音樂家」、「影響世界的人」系列到「童話小天地」、「第一次」系列，至今已出版了近百本，這僅是由筆者主編出版的部分叢書而已，若包括其他兒童詩集及套書，三民書局已出版不下千百種的兒童讀物。

劉董事長也時常感念著，在他困苦貧窮的青少年時期，是書使他堅強向上，在社會普遍困苦，而生活簡陋的年代，也是書成了他最好的良伴，他希望在他的有生之年，分享這份資產，讓下一代可以充分使用，讓親子共讀的親情，源遠流長。

「世紀人物 100」系列早就在他的關切中構思著，希望能出版孩子們喜歡而且一生難忘的好書。近年來筆者放下一切寫作，接下這份主編重任，並結合海內外有心兒童文學的作者共同為下一代效力，正是感動於劉董事長致力文化大業的真誠之心，更欣喜許多志同道合的朋友，能與我一起為孩子們寫書。

　　「世紀人物 100」系列規劃出版一百位人物故事，中外各占五十人，包括了在歷史上有關文學、藝術、人文、政治與科學等各行各業有貢獻的人物故事，邀請國內外兒童文學領域專業的學者、作家同心協力編寫，費時多年，分梯次出版。在越來越多元化的世界中，每個人都有各自的才華與潛力，每個朝代也都有其可歌可泣的故事，但是在故事背後所具有的一個共同點，就是每個傳主在困苦中不屈不撓，令人難忘的經歷，這些經歷經由各作者用心博覽有關資料，再三推敲求證，再以文學之筆，寫出了有趣而感人的故事。

　　西諺有云：「世界因有各式各樣不同的人群，才更加多采多姿。」這套書就是以「人」的故事為主旨，不刻意美化傳主，以每一位傳主的生活經歷為主軸，深入描寫他們成長的環境、家庭教育與童年生活，深入探索是什麼因素造成

了他們與眾不同？是什麼力量驅動了
他們鍥而不捨的毅力？以日常生活中
的小故事，來描繪出這些人物，為什麼能
使夢想成真。為了引起小讀者的興趣，
特別著重在各傳主的童年生活描述，
希望能引起共鳴。尤其在閱讀這些作
品時，能於心領神會中得到靈感。

　　和一般從外文翻譯出來的偉人傳記所不同的是，此套書的特色
是，由熟悉兒童文學又關心教育的作者用心收集資料，用有趣的故
事，融入知識，並以文學之筆，深入淺出寫出適合小朋友與大朋友
閱讀的人物傳記。在探討每位人物的內在心理因素之餘，也希望讀
者從閱讀中，能激勵出個人內在的潛力和夢想。我相信每個孩子在
年少時都會發呆做夢，在他們發呆和做夢的同時，書是他們最私密
的好友，在閱讀中，沒有批判和譏諷，卻可隨書中的主人翁，海闊
天空一起遨遊，或狂想或計畫，而成為心靈知交，不僅留下年少時，
從閱讀中得到的神交良伴（一個回憶），如果能兩代共讀，讀後一起
討論，綿綿相傳，留下共同回憶，何嘗不是一幅幸福的親子圖？

　　2006 年，我們升格成為祖字輩，有一位朋友提了滿滿兩袋的童
書相送，一袋給新科父母，一袋給

我們。老友是美國國家科學院院
士，曾擔任過全美閱讀評估諮議
委員，也是一位慈愛的好爺爺，深

信閱讀對人生的重要。他很感性的說：「不要以為娃娃聽不懂故事，我的孫兒們一出生就聽我們唸故事書，長大後不僅愛讀書而且想像力豐富，尤其是文字表達能力特別強。」我完全同意，並欣然接受那兩袋最珍貴的禮物。

因為我們同樣都是愛讀書、也深得讀書之樂的人。

謹以此套「世紀人物100」叢書送給所有愛讀書的孩子和家庭，以及我們的孫兒——石開文，他們都是世界上最幸福的孩子，因為從小有書為伴，與愛同行。

　　班傑明・富蘭克林出生在一個十分貧窮卻非常溫暖的家庭。他的父親來自英國，到新大陸以後以做肥皂和蠟燭為生。富蘭克林全家有十七個兄弟姐妹，物質條件的貧乏，由此可知了。因為經濟條件不允許，富蘭克林只讀了兩年書，而他後來之所以能夠成為世界一流的大學問家，是因為他在當學徒的時候，發現了書的奧祕，那時他剛好十二歲。他最初讀書，純粹是為了其中的樂趣，後來逐步訓練自己的閱讀能力，從簡易的讀物到深奧的哲理，甚至連數學、天文、物理等統統都在他的涉獵範圍之內。

　　十七歲時，他離家出走，獨自到陌生的費城闖蕩；四十二歲時，成了一個成功的印刷商，變得非常富有。他創辦了一份報紙，極受讀者喜愛。等他有了足夠的生活保障，他決心投入學問和知識的追求，也獲得了非凡的成就。他是一個靠著努力自學而成為大學問家的典範。

　　他從十六歲開始寫文章，由於內容風趣又言之有物，所以立刻受到讀者們的熱烈歡迎。他有獨立思考的能力，敢於提倡新思潮，常能讓群眾追隨擁戴。比如，他每年所出版的《窮李查年鑑》，前後出版了二十五年，年年暢銷。主要因為它具有實際用途，而且，每一頁上都有風趣的格言，這些格言流傳至今，仍被人們所使用。比如「沉默是金」、「早起的鳥兒有蟲吃」、「如果要對敵人保密，最好

別把祕密告訴朋友」、「欲速則不達」、「沒有人比螞蟻講道講得更好，因為螞蟻從不出聲」等等。現今的人們依然能從這些格言裡獲得微笑和真理。

富蘭克林天生是個好奇心很重的人，對於周圍事事物物的知識、原理，窮追不捨。比如雨天為什麼會閃電？海潮什麼時候漲什麼時候退？冬天用怎樣的火爐最暖和？失火了怎樣救火最有效？為什麼冬天太陽昇得晚落得早？夏天為什麼白晝那麼長？總之，他的疑問非常多，更重要的是，他會花時間去找答案。

其實他們那個年代，在荒涼的新大陸上，一切都十分落後，人們住的房子也非常簡陋。那時，美洲新大陸還沒有建立起美利堅合眾國，最初很多很多來自英國的居民都聚集在北美洲東海岸，但是英國政府卻把他們當殖民地人民對待。也就是說，英國政府毫不關心他們的死活，卻不停向他們徵稅，並把所搜刮來的稅收和錢財用在英國國內，因此，漸漸造成新大陸人民的不滿。

百姓們為了解決沉重的稅賦壓力，新大陸議會特地派富蘭克林到英國去申訴。那時，從新大陸到英國搭輪船要花兩三個月，還得經歷各種風浪險阻。富蘭克林好不容易到達英國，但英國貴族和英王都對他的申訴置之不理，有的人還加以嘲笑，甚至要陷害他。

後來英國貴族所控制的上議院，通過了針對新大陸的各種嚴厲稅則，其中印花稅和茶葉稅最讓人們震怒，也因此爆發了波士頓港的「茶葉事件」。在一個夜黑風高的夜晚，上千人潛伏到運茶葉的船上，把所有裝茶葉的木箱，統統丟入海水裡。新大陸的獨立戰爭於是爆發了！

英王和英國議會決定派軍隊狠狠懲罰新大陸的人民，因為他們竟然敢造反！美國人民雖然鬥志昂揚，卻沒有足夠的武器，也沒有充裕的經費！該怎麼辦呢？法國也許可以幫助他們，英法兩國向來是死對頭。但，誰能說服法國？這個差事又落到富蘭克林的頭上。首先，他在法國有很高的知名度，在科學哲學文學界他有不少朋友，另外，他和法國外交部長有很好的私交，因此辦起事來比較方便。

由於富蘭克林的努力不懈，他到巴黎兩個月後，果然首先得到了法王路易十六的一大筆軍費援助，使得華盛頓將軍的軍隊，得以在新大陸勝仗連連，全美國士氣大振。自 1776 年美國宣布獨立，到英國和美國在巴黎簽訂條約，整整七年時間，富蘭克林都住在巴黎，作為戰爭時期的美國代表，也作為和平時期的締約公使。美國的獨立建國和富蘭克林有著密不可分的關係。

富蘭克林晚年在巴黎居住了十年，他愛巴黎，巴黎人也愛他。但他必須回到費城，那兒畢竟是他真正的家。他如今已經八十歲，渾身有病，但他熱愛生命，更愛他十多歲時無意間闖入的費城。那

兒有他的女兒和家人，雖然他的長子決定留居英國、成為英國公民，他也一度因為父子之間的對立感到痛苦。然而，人各有志，如今他們父子應當是各得其所。富蘭克林的胸膛可以容納天地，何況這等區區小事！

富蘭克林的偉大在於他的勤奮，他的孜孜不倦。他是個幽默快樂的人，他看透自己的缺點，也看透其他人的缺點，因此，即使在議會代表批評美國獨立宣言的時候，他也特別強調，人類的特點在於不完美，正因為這樣，人們才有往前進的可能。因此，他是人們永遠敬仰的人，是一顆永不墜落的恆星。

寫書的人

孟 絲

喜歡寫小說和散文，如今寫專欄，也翻譯過不少暢銷書。臺灣師範大學英語系學士，美國匹茲堡大學圖書館學碩士。任職美國大學及公共圖書館多年，整天忙的對象就是書，讀書、編書、看書、談書、出書。出版過幾本小說集。文章散見海內外刊物。

小說作品有《生日宴》、《白亭巷》、《吳淞夜渡》、《楓林坡的日子》、《情與緣》、《紐約的冬天》。兒童文學方面的創作有《申申的故事》。另創辦了新澤西書友會，帶動讀中文好書的風氣，推動「以書為友，以書會友，以友為書」的閱讀活動。

永恆之星

富蘭克林

目次

世紀人物 100

富蘭克林

1706～1790

1

新大陸

　　那是個最好的時代，也是個最壞的時代。那個時代，距離我們現在，剛好三百年。那個時代在中國是清朝，做皇帝的是康熙大帝；在英國則是英王統治的專制時代。有錢有勢的人，可以自由自在的生活；無錢無勢的人，卻被綑綁在社會的最底層。

　　那時在英國，帝王高高在上，貴族和皇親國戚當家作主。整個英倫三島，早已被世襲貴族階層統治。平民每天為衣食奔波勞苦，卻只能終生窮困潦倒。一代又一代，永遠沒有見到天日的時候。許多人忍飢挨餓，只能認命，怨命不好。但是他們的下一代難道也要永永遠遠、世世代代這樣挨餓受凍下去嗎？

　　富蘭克林那時還沒有出生，

他的爸爸約俠全家，就窩在倫敦的貧民窟裡。矮小簡陋的房子，地面上潮溼陰冷，進門處，橫七豎八的堆放了凌亂的家具、煤炭，整間屋子到處亂七八糟的。屋子裡面有七個從十多歲到二三歲不等的孩子正在打打鬧鬧，有的嘻笑，有的哭啼著。一個病容滿面、名字叫做安妮的婦人，正低頭在縫製著鞋子。兩三個中年男子占據著屋裡唯一的方桌耳語著：

「聽說有人到新大陸去了！」

「新大陸？那在什麼地方？」有人問。

「從倫敦附近的港口搭船，航經大海，也許兩三個月，等見到陸地，就是新大陸！」

「啊！」累得腰酸背痛的約俠，彷彿眼前一亮，高聲宣布說:「是的！我們全家也要到新大陸去！」

安妮抬起頭來，眼神疲倦的望了丈夫一眼。

「新大陸？那有多遠啊？」

「不知道！反正坐船到海上去，兩三個月以後就到了！」

「可以常常回來嗎？」

「新大陸就是什麼都新，幹嘛要回來？這兒的日子還不夠煩人嗎？」

「啊！啊！我們全到新大陸去！」孩子們停止打鬧，高聲快樂的喊叫著。

就這樣，富蘭克林的父親帶著全家，到了新大陸的波士頓。

長時間的漂洋過海，讓身體本已病弱的安妮，很快就病倒了。波士頓的寒冷氣候，加上水土不服，讓安妮的病日益加重，不久，便敵不過病魔的折磨，帶著無限的憾恨而去世。

身為一家之主的約俠，每天得花很多時間製作蠟燭和肥皂，

好賣了錢養家。失去了安妮，讓約俠每天忙得筋疲力盡，他實在沒有辦法同時照顧這樣多年幼的孩子。於是鄰居為他介紹了一個名叫阿碧的女子。她也是個來自英國的移民，更是個勤勞盡責的女子。約俠即刻決定向她求婚，家裡沒有女主人，卻有這樣多的孩子，這種日子實在很難過得下去。幸運的是，阿碧答應了他的求婚。約俠很快迎娶了她作為自己的第二任妻子，她就是富蘭克林的媽媽。她和約俠前後又生了十個孩子，加上安妮留下來的，共有十七個之多。

在新大陸的日子還算自由自在，儘管食指浩繁，一家人生活得倒也快樂。約俠一家是新大陸的典型移民，一大家子口袋中根本沒有絲毫積蓄。約俠在來到波士頓以後，從事利潤比較高的肥皂和蠟燭生意，但相對的得花更

多的勞力和時間，除了吃飯睡覺，剩下的時間，他幾乎全花在工作上。

　　儘管如此辛勞，但要養活這一大家子，卻總是入不敷出，始終擺脫不了貧困的生活。後來，約俠那年僅十八歲的大兒子決定去當水手，到世界各處飄蕩。二兒子詹姆士則下決心回倫敦去學印刷，他的最大夢想，就是做印刷廠老闆，為新大陸的移民們印刷各種文件。

2 波士頓歲月

　　班傑明‧富蘭克林出生了。那是三百多年前一個天寒地凍的星期天夜晚。他的出生並沒有讓爸媽太高興，反而令貧窮的約俠眉頭皺得更緊了。「啊！又多了一個吃飯的傢伙！」「小孩！小孩！家裡到處是小孩！這是這個家的第十七個孩子。怎麼養活啊？」「每個孩子都要吃喝，如今又多了一張嘴！」約俠在心裡嘀咕著。

　　「星期天的夜晚還生孩子！」

　　「真是的，星期天還敢生孩子！」

　　「是啊！我聽見哭聲，聲音好響亮。」

　　「我也聽見了，一定是個男孩！」

　　鄰居們竊竊私語，好像富蘭

克林的到來，違反了什麼法律條文似的。原來，當時清教徒*看不起星期天出生的孩子，而波士頓正由清教徒掌管一切。在清教徒眼裡，星期天是做禮拜崇拜上帝的日子，嬰兒搶著在這樣神聖的日子出生，顯然是對上帝不敬，這樣的孩子不夠潔淨。儘管是個天寒地凍的夜晚，富蘭克林的爸爸還是立刻抱著他去教堂，讓他接受洗禮，這表示這個嬰兒立即受到了上帝的祝福，這樣便可以避免永遠受清教徒的歧視。

富蘭克林就在這樣人口眾多的家庭環境中成長。沒事時，他喜歡坐在波士頓海邊碼頭看海，幻想著自己成為水手，坐著大船

放大鏡 ＊清教徒 是指基督教新教教徒中的一派。16世紀中葉起源於英國。要求「清洗」國教內保留的天主教舊制和繁瑣儀文，反對王公貴族的驕奢淫佚而提倡「勤儉清潔」的生活，因而得名。這些教徒大多生活樸實，但十分排外，對於異教徒尤其無法容忍，常借故對異教徒加以迫害。

到世界各地隨處飄蕩。他把聽來的海盜故事編成詩歌，取名為「黑鬍子」，又把黑鬍子的故事講給兄弟姐妹聽，每個人都聽得很入神。

富蘭克林八歲時，約俠發現他很聰明，就想盡辦法把他送去學校讀書。當時讀書是件大事，因為不但要買書、要交學費，還要穿得整整齊齊、漂漂亮亮去上學，而大多數窮人都交不起昂貴的學費。富蘭克林發現讀書十分有趣，而且學校裡有很多朋友。雖然他書念得不錯，老師同學也都喜歡他，可惜，他只念了兩年書，就無法再繼續，因為爸爸實在沒有餘錢替他支付學費，何況家裡需要人幫著做許多家務事。

「回來幫爸爸做蠟燭吧！」約俠說。

「我不會！」富蘭克林心裡其實想繼續上學。

「我會教你。」

「我不能上學了嗎?」

「以後再說吧!」

對於十歲的富蘭克林來說,不能上學當然很失望,而做蠟燭對他還是太複雜。他年齡太小,沒有足夠的耐心,更無法快速學會其中奧妙。所能做的也只有接貨、送貨或者打雜而已。這樣過了兩年,富蘭克林的二哥回來了。詹姆士在英國學會了印刷,靠爸爸幫忙,開了一家小小印刷廠。

「去學印刷吧!」媽媽提議。

「將來,印刷比做蠟燭更有用!」爸爸說。

「來做學徒可以,我這裡規矩很嚴,必須一一遵守。」哥哥說。

「沒問題。學校老師都說我最守規矩。」富蘭克林信心滿滿的回答。

「那最好。到時候可別賴皮！」

「你就讓他跟著你做學徒吧，他會用心學的。」爸爸說。

3 印刷廠學徒

　　那時富蘭克林剛滿十二歲。他被送到哥哥那兒做學徒，專心學習印刷。哥哥是個嚴厲的老師，規定弟弟要嚴格遵守規矩，絕不可偷懶，並且正式簽訂十年契約。十年之內不得爽約，否則罰款賠償。「哼！簽就簽。說不定到時候青勝於藍呢。」富蘭克林很有自信的說。

　　在印刷廠，富蘭克林看到人們送來各種各樣的書，有的艱澀難懂，有的老舊不堪，還有的滿布灰塵。但是，哥哥都有辦法將這些書重新印刷得漂漂亮亮，讓顧客感到滿意。有一天，從人們送來的印刷書堆裡，富蘭克林突然發現了一本有趣的書，書名是《天方夜譚》，還有一本《阿里巴巴與四十大盜》。啊！書裡竟

14

然有這麼有趣的故事！書裡所寫的，都是平常生活裡想都想不到的事。天啊！太美妙，太有趣了！他覺得非常興奮，對這些書開始著迷。他渴望晚上早些到來，這樣，他就可以全心全意埋入迷人的故事裡。這感覺實在太美妙、太迷人了！

對富蘭克林來說，這無異是一片廣闊的新天地，以前聞所未聞的知識寶庫，就在他眼前展開了。他的夜晚，便完全陶醉在一個奇異而快樂的世界裡。剎那間，他似乎比身邊的人們多知道了許多許多事，多認識了許多許多人。這樣的經驗讓他感到美妙無比。

富蘭克林輕易的讀完許多經典，漸漸的，他不滿足於單純的故事書了，那似乎變得太簡單、太乏味了，他渴望多得到些什麼。於是，他慢慢提高了閱讀層

次，例如他喜歡作者以詩歌般的優美文字，講解許多讓人陶醉的歷史。本仁‧約翰的《天路歷程》＊，就令他一讀再讀。他讀完這些書之後，再把它們賣了，用這些錢再買其他的書。如此一來，他的書籍便可以源源不斷。富蘭克林除了為了樂趣而讀書，他還設法用這些書籍教育自己，從某些教科書裡，他學會了算術、航行以及寫作。那是他在學校裡想學而沒有學到的東西。

「散文真是難寫！」他自言自語著。

「怎麼心中想的，和寫出來的完全不一樣呢？」他沒有人可以問，只有問自己。

放大鏡

＊《天路歷程》　這是一本英國文學史上很有名的經典之作。作者本仁‧約翰是 17 世紀英國一位非常傑出的散文家。他以諷刺風趣的筆調寫教徒朝聖的故事和遭遇，這本書在英語世界裡幾乎是家喻戶曉，完全可以和中國文學史上的《西遊記》相提並論。

「難道這些人天生就寫得這樣好?」他不懂。

「好好學印刷,寫什麼寫?」有一天哥哥對他這樣說。

「……」他沒有反駁哥哥。

「少做白日夢了!」哥哥狠狠加了一句。

儘管被潑了一頭冷水,他依然毫不氣餒,最後決定利用晚上偷偷寫。由於他學的是印刷,很早就懂得如何使用標點符號,但對文法和寫作風格卻絲毫沒有把握。學習寫作初期,實在有些艱苦,但他不願意放棄。後來,富蘭克林在書堆裡發現了英國散文大家,李查‧斯悌爾的經典作品,便試著以他的文章作為自己的範文,或者背誦,或者重寫,或者用自己的文字加以改寫,盡力達到類似的優美風格。

就這樣,富蘭克林不斷學習、不斷訓練、不停的精益求

精，不出幾年時間，他的寫作能力大幅進步，總算可以把心頭所想、所思，寫成優美的散文了。而他也從寫作裡，獲得無限的快樂。

4

雜文闖禍

　　這時，富蘭克林的哥哥詹姆士發行了一份《新英格蘭報》。報紙上印著：「歡迎投稿」！詹姆士做夢也沒有想到，富蘭克林偷偷用筆名，投稿到自己辦的報紙上了。富蘭克林以「好事佬」為筆名，先寫了一篇短文。這篇散文文字優美，講的是自學成功的經歷，在報上登出以後，立刻受到許多讀者的歡迎。

　　富蘭克林立刻又寫了一篇散文，以諷刺詼諧的筆調，取笑當時流行的某些事物。那時，不少貧苦的父親花大錢，送平庸兒子讀哈佛大學。富蘭克林說這實在可憐又可笑，因為這些傢伙，畢業以後，也不過只是更懂得生活享受、舞跳得更精彩而已，學問和辦事能力都絲毫沒有增進。這

樣挖苦人的文章，談的又是有事實根據的推論，讓大部分的讀者非常愛讀，因為他們大多數都沒有能力送兒子讀哈佛大學。

富蘭克林的文章每兩個星期才出現一次，許多讀者紛紛要求報社，希望讓這位作者的文章天天見報，因為他們十分喜愛。總之，富蘭克林的文章在《新英格蘭報》上，非常受讀者歡迎。可是讀者並不知道，這位作者才僅僅十六歲，因為從文章的內容看來，篇篇老到精闢，像個生活經驗豐富、充滿智慧的中年人。

此時，富蘭克林的閱讀範圍也越來越廣，對於宗教和當時的宗教領袖，漸漸有了自己的看法。他特別重視個人道德操守，重視實際行為，反對空泛的說道。對於當時的英國統治者，也發表了他的真實看法。

沒想到，他的真實看法，卻

替他惹禍上身！他的文章不客氣的批評時政，觸怒了英國當局，當局立即來報社抓人。但作者是富蘭克林，他只有十六歲，還沒有成年，所以不須負法律責任。報社老闆呢？詹姆士是成年人，他必須對自己的報紙負責。

「好傢伙！你真了不起啊！」哥哥很生氣。

「新聞自由……」富蘭克林還想辯駁。

「住嘴！回來再算帳！」

詹姆士既是成年人，又是報社老闆，當局便立刻把他抓走。因為對於十六歲的弟弟，沒有盡到監督責任，詹姆士只得乖乖坐牢。

哥哥坐牢期間，富蘭克林在報紙上連續發表文章，高聲呼籲人權自由，解說人權的重要，以聲援他的哥哥，並且自動自發的管理哥哥的報紙業務。雖然哥哥

臨走的時候對他感到憤怒，他卻加倍努力，以便哥哥回來的時候給他一個驚喜。

照理說，詹姆士出獄以後應當感謝弟弟才對，但詹姆士的心情卻是矛盾的。也許他覺得這個弟弟鋒芒太露；對於富蘭克林的文章和他的所有作為，詹姆士都很生氣。他出獄後，見到富蘭克林的第一件事，就是劈劈啪啪給他幾個耳光。富蘭克林沒有想到哥哥如此憤怒。他承認，自己的文章也許有些偏激莽撞，但也不至於挨耳光。

「爸爸，哥哥竟然給我幾個耳光！」

「打得好！誰讓你這樣鋒芒外露？」爸爸說。

「可是……讀者都喜歡！」富蘭克林說。

「讀者喜歡讓你去死，你就去死？」哥哥說。

　　兩人在父親面前理論，通常約俠都會站在富蘭克林這一邊，但這次卻和詹姆士看法一致，認為富蘭克林做得太過火，挨哥哥耳光是理所當然。而且告誡富蘭克林，以後不管做事還是寫文章，都不可以這樣魯莽。否則不但要挨耳光，還要自己去坐牢。這次讓哥哥坐牢，很對不起哥哥，富蘭克林應當賠禮道歉。

5

離家出走

　　道歉？十七歲的富蘭克林生氣了，決定不再當他哥哥的學徒。可是合約還沒有到期，他有義務履行合約，但他覺得實在幹不下去了。爸爸不贊成他辭職不幹，認為合約就是合約，必須履行。而他的哥哥，此時也通知了在波士頓的另外兩家印刷廠，告訴他們，不能僱用富蘭克林，因為他還欠他好幾年工時。這樣一來，富蘭克林在波士頓就沒有辦法生活下去，看來只有偷偷逃走一途。只是，逃走哪有那麼容易！於是他和一個好友商量了好幾天，總算想到了法子。

　　他們向一個正好要開船前往紐約的船長謊稱：富蘭克林讓一個女孩子懷孕了，麻煩太大，現在必須逃到紐約去避一避。船長

對這個魯莽少年的遭遇很同情，決定幫忙。富蘭克林用積攢的一點錢，買了一張船票。經過三天三夜的海上航行，到達了紐約港。在紐約，富蘭克林找到了唯一的一家印刷廠，印刷廠老闆也很同情富蘭克林的情況。

「可惜，三天前我剛僱用了一位工人，現在無法再僱用新工人。」

「可有什麼別的辦法？」富蘭克林有點心慌。

「這樣吧，我兒子在費城有一家印刷廠，也許可以僱用你。」

「從這兒到費城很遠吧？」

「如果順利，坐船去，也許四五天！」

「好吧，我去費城試試運氣！」

「祝你好運！」

老闆把地址寫給他，並為他寫了一封簡單的介紹信。富蘭克

林當即搭船前往費城找工作。

　　可惜，船在旅途中遇到暴風雨，這艘船一度被衝擊到新澤西海灣裡。半夜，船上有個醉漢，失足掉到水裡，富蘭克林連忙跳入海中，把他從海水裡撈上來。這時船身已被暴風雨沖毀一部分，整個船身動彈不得，只好停在一個小海灣裡躲避暴風雨。富蘭克林因為先前跳入海中救人，因此精疲力竭，渾身發冷，於是在船裡昏昏沉沉的睡了一夜。幸好第二天早晨醒來，體力已經完全恢復。於是他搭了一艘小筏子，沿著新澤西海岸線往費城前進，直到靠近賓夕法尼亞附近，才把小筏子靠到岸邊陸地。

　　上岸後，他改用雙腿步行，到了中午，他感到疲乏不堪，看到路邊有一家小旅館，便決定到裡面睡個大覺。這時，他開始後悔，自己為什麼要離家出走。後

來在自傳※裡提到這段經歷時，他說：「我真希望我從來沒有離開過家。」

在小旅店睡飽後，第二天他又覺得渾身是勁，便去向旅店老闆打聽：「什麼時候有船去費城啊？」

「去費城？昨天剛開走一班！」

「下一班什麼時候開？」

「到費城，要等到下個星期二才有船開過去。」

「今天才星期六！」

「是啊，急也沒用，反正沒船。」

「天哪！還要再等四天。」

由於身上餘錢不多，於是富蘭克林搬到一家更便宜、更小的旅館，打算在這兒混幾天等船。晚上沒事，便跑到德拉瓦河※邊去閒逛。竟發現有一艘小船從岸邊經過，於是富蘭克林抓住機

會。他高聲喊叫:「喂!喂!你們需要多一個人幫忙划船嗎?」

「你會划船?你有經驗嗎?」

「當然!我家就住海邊,從小就會。」

「我們要去費城!你認識方向嗎?」

「剛好!我就是要去費城。」

「好吧,快上來!」

船上的人們顯然有些疲倦,

放大鏡

＊即《富蘭克林自傳》。富蘭克林是個多才多藝的人,他一生經歷了許多事,認識同時代許多重量級人物。他的一生可以說是多彩多姿。他是個十分出色的印刷工,是個好奇的發明創造家,是個用實驗證明結果的科學家,是個幽默的散文家,是個詼諧的雜文能手,更是一個八面玲瓏卻有原則的政治人物。他寫了一本自傳,簡短、幽默、充滿偏見卻趣味橫生。他的自傳文字十分優美,點點滴滴記載了他一生的許多事蹟。全書共分八章,耗費十四年的時間完成,是至今流傳甚廣的暢銷傳記。字裡行間讓世人看到了 18 世紀的歐美生活片段,以及社會各階層的真實面目,在傳記史上占有重要地位。

＊**德拉瓦河** 這條河介於賓州和新澤西州之間,在美國獨立革命戰爭的時候,發揮了很大的功能。當年華盛頓趁著新年除夕時,英軍全體沉浸在慶祝新年的歡樂之中,即使大雪紛飛,他仍決定出其不意的渡河偷襲,因而一戰獲得大勝,鼓舞了全美士氣,讓獨立革命戰爭轉而進入坦途。

能多個幫手讓大家非常高興。富蘭克林跳上小船，伸手接過一根槳來，十分老練的一路努力幫忙划船。

他們順著德拉瓦河往費城泛舟而去。好幾個鐘頭過去了，卻總也見不到費城蹤影。那個年代，沒有閃耀的燈光，到處漆黑一片，是否經過城鎮很難判斷，行船幾乎全憑經驗。

有的夥伴便懷疑說:「一定超過了費城!」

「不太可能。」

「再走走看。」

「不能再往前進了!」

大家眾說紛紜，開始懷疑船開過頭了，也有人不同意。於是掌舵人決定，把小船停入一個僻靜港灣，反正大家都感到十分疲乏困倦，便決定在此過夜，等天亮以後再說。

次日清晨大夥醒來，從港灣

看出去，費城竟然就在眼前，每
個人都興奮不已。大約早晨九
點，他們把小船停靠到碼頭邊，
魚貫上岸，這正是一個美麗的星
期天清晨。碼頭上人們悠閒的走
動著，人們親切而友善的彼此打
招呼，富蘭克林就這樣到達了他
的第二故鄉──費城。

6 初達費城

　　如果說，波士頓是北美十三州殖民地*17世紀的大都會，那麼，費城就即將是北美十三州殖民地18世紀的最大都市。這個城市正在興起之中，它充滿活力且朝氣蓬勃。

　　和麻薩諸塞相較，賓夕法尼亞是個非常開放的地方，處處充滿希望和商機，對於新思想、新觀念採取完全開放的態度，在宗教方面尤為如此。位在麻薩諸塞的波士頓，一切由清教徒把持，教堂和宗教信仰尤其如此，但是他們非常排斥異教徒。而位在賓夕法尼亞的費城，負責掌管文化

放大鏡　＊北美十三州殖民地　英國人自17世紀初在北美洲東岸建立永久聚落以後，渡海而來的移民不斷增加，他們拓殖的結果建立了十三個英屬小邦，稱為「北美十三州殖民地」。

和政治的人物則是貴格會＊的教徒。

賓夕法尼亞似乎對所有來人都張開雙臂，熱烈歡迎。因此各國的移民都紛紛湧來這裡：英國人、愛爾蘭人、德國人、威爾斯人，甚至許多鄰近各地方的居民，都前來此地定居。這兒有大片的農田，農人可以低廉的價錢購買田地，並且能夠慢慢歸還貸款。而來城裡定居、身懷一技之長的手工藝從業人員或專業人士，可以很容易的開個店鋪施展才華。總之，費城是個讓人們可以很快成家立業的新興都市。

放大鏡

＊**貴格會** 基督教的另外一派。「貴格」為英文 Quaker 的音譯，意為「顫抖者」。會名來源傳說不一。一說在初期宗教聚會中常有教徒全身顫抖；一說創始人福克斯曾勸人：「在神的話語前，震驚顫抖。」

貴格會也被稱為基督教教友派，他們反對暴力，主張和平，在教會做禮拜的時候大都沉默無聲，以沉思表達自我對神的敬仰和理解。不排斥和他們信仰不同的教徒。

　　富蘭克林到達碼頭的那個星期天，立即上岸往費城市內走去。那時的費城不大，人口也不多，他用口袋裡僅有的三分錢，買了三支大麵包，一路走一路啃，一路尋找工作和住處。正覺得有點兒累的時候，卻發現眼前有座教堂。原來這是座貴格會教堂，他以前在波士頓從沒見過。富蘭克林一腳踏入教堂，在裡面安穩的睡了一大覺。

　　星期一的一大早，他就按照紐約那位印刷廠老闆，布來德先生所說的，去找他的兒子。他遞上布來德先生的介紹信，希望能在他的印刷廠找份工作。

　　「可惜，上星期已經僱用了一位新員工。」

　　「還有別的印刷廠需要員工嗎？」

　　「這樣吧，你先在我這裡吃早餐，我們慢慢想辦法。」

這位年輕的印刷廠老闆和他父親一樣，也很友善，樂於助人。吃完早餐，他介紹富蘭克林去找費城另一家印刷廠老闆凱默先生。

「我的廠也太小了。」凱默先生說。

富蘭克林聽了十分失望，看來自己在費城的前途很不樂觀。

「這樣吧，」凱默先生思索了一下說：「我們兩人一起僱用你。」

「真的？這實在太感激了！」富蘭克林覺得十分幸運。

於是兩位印刷廠老闆商量了一下，每家都僱用富蘭克林做半工。這樣，半工加半工，就解決了富蘭克林的工作問題。

年輕的富蘭克林感到非常幸運，同時更感激兩位老闆的幫助。他到附近尋找住宿的地方，走來走去，看到一幢房屋廊前，貼著房屋出租的紙條，正猶豫

著，抬頭卻看到樓上一個女孩，從開展的窗口向他微笑。原來，富蘭克林昨天拿著麵包，在路上邊走邊吃，早被這個女孩從窗口看到，覺得富蘭克林非常滑稽。此時忍不住又一笑了起來。富蘭克林立刻決定租房。房東和藹可親，不僅讓他租房，還讓他以低廉的月費在那兒包伙食，這樣，他每天和房東一家人吃飯，並和房東女兒成了朋友。這個女孩叫戴寶拉，幾年後，成了富蘭克林的妻子。

很快的，這兩家印刷廠的老闆都發現，富蘭克林對印刷的技術非常精到，而且在印刷的專業知識上，超過他們所知道的。

在一個偶然的機會裡，富蘭克林遇到賓夕法尼亞總督。那時的總督沒有太多經費，所管的業務也很有限，他們大都和普通人打交道。不知為何，他非常欣賞

富蘭克林，因此提議兩人合開印刷廠，而且他要富蘭克林做老闆。至於所需的印刷機、設備等等，只要富蘭克林列出清單，看看要多少成本，他可以拿出本錢，並讓富蘭克林親自到倫敦去置辦。

十八歲的富蘭克林，以為遇見了生命中的貴人，於是對賓州總督言聽計從。但為了保險起見，他特地抽空回到波士頓家裡，向父親請教。

從離家出走到現在，已經快一年了，家人無不為他擔驚受怕。尤其做母親的，如今見兒子平安回來，顧不得責備他，高興得把他緊緊摟在懷裡。兄弟姐妹見到安然無恙的富蘭克林，也都非常高興。當然，他沒有去見詹姆士。因為，他和哥哥訂的契約還沒有到期，還欠他工時。如果哥哥要公事公辦，是可以把他扣

留下來的。他可不願意冒這樣的風險。

他將總督的親筆信交給父親，信上希望富蘭克林的父親對這個計畫給予金錢上的幫助。富蘭克林的父親對於這個提議仔細研究了一番，然後回信說，富蘭克林太年輕，無法承擔這樣重大的、獨當一面的印刷廠業務，也拒絕提供任何金錢援助。年輕的富蘭克林有些失望，卻諒解父親的顧慮，便告別全家，再度搭船回到費城。

7 遠赴倫敦

　　對於開印刷廠的事，富蘭克林仍然雄心勃勃，最後還是接受了總督的計畫，用自己所存的有限積蓄，買船票前往倫敦。他以為這樣的大好機會，可以給自己帶來更光明遠大的前程。總督還告訴他，他所需要的印刷機和其他設備，只要一紙信用狀＊就可購得，這是當時最有效的商業方式。這張信用狀，總督會在富蘭克林上船的時候交給他，以便讓他在倫敦一上岸，就能夠很快的購得所需的一切設備。

　　富蘭克林相信總督所言，誰知，他在船上苦苦等候，結果什麼信用狀也沒有拿到，最後輪船

＊信用狀　原文是 letter of credit，就是經濟擔保證明書的意思。

開出了費城港口，他才知道這是一場毫無憑據的騙局。這位總督只是空談，沒有給他任何實際幫助。富蘭克林後來在自傳中寫道，大約這位總督只是喜歡吹牛吧？根本不能當真。唉，最後也搞不清這位總督到底是什麼用心，只能說他是喜歡在年輕人面前說大話的傢伙吧！害他浪費了一筆船費，空歡喜一場。

富蘭克林第一次到倫敦的時候，剛滿十八歲，正逢1724年聖誕節前夕。人生地不熟，既沒有工作也沒有朋友，口袋中又沒有充裕的路費，一時間生活得十分狼狽。唯一不同的是，他現在比以前有自信。他輾轉又找到一份印刷工的工作。趁工作之餘，他又讀了很多書，其中，有些書籍的思想比較激進，這開啟了他的自由思想領域。

他在倫敦住了一年半左右，

手中積攢了一點錢，遇到了一個同船來的同伴，這傢伙喜歡亂花錢，常常來向富蘭克林借錢，從不歸還。有時害得富蘭克林十分窮困，幾乎交不出房租。因此他不喜歡倫敦，總覺得這不是他理想的居住之處。他很渴望回到費城。那個時代輪船班次不多，也不定時，有時三四個月才有一班，他常去碼頭打聽，什麼時候有開往新大陸的輪船班次，終於在夏天，他打聽到有一艘輪船要開往美國，他趕緊買了船票，搭了這艘輪船回到費城。費城的一切對他來說是那樣熟悉，那樣親切，他深深感到回家的滋味真好。

8 開印刷廠

　　在倫敦一年多的闖蕩歷練，讓富蘭克林比以前懂事也謙虛多了。他拜訪了凱默先生，談了些倫敦經驗。

　　「聽說你想自己開印刷廠？」

　　「唉，別提了。被人騙了。」

　　「現在打算怎麼辦？」

　　「不知能不能再回來，替您做事？」

　　「你在倫敦大概學了不少本事吧？沒問題，歡迎回來！」

　　凱默先生再度僱用了他。由於在倫敦做印刷工的經驗，使他的印刷技術更進步、更精到，做事更有效率。儘管印刷事務對富蘭克林而言駕輕就熟，他卻覺得這樣做下去，一輩子都沒有出頭的日子。於是他和同事墨瑞地斯商量，想自己開一家印刷廠。

「可以，我爸爸願意出錢！」

「我們合夥，兩人都當老闆！」

「你多出勞力，你經驗比我多。」

「好，一言為定！」

一年之內，他和朋友墨瑞地斯另立門戶。資金是墨瑞地斯的父親拿出來的。富蘭克林有了自己的印刷廠後，更是日夜不停的工作。常常自己推著小車，運送印妥的書籍到客戶門前。

「富蘭克林的印刷廠，親自送貨上門。」

「這讓我們省了很多事。印刷品質真好！」

「是啊，以後還是到富蘭克林的印刷廠去印刷，真省事。」

「對，他印的東西物美價廉！」

這是其他印刷廠從來都做不到的事，他這種獨到的服務，讓

顧客非常滿意，不僅稱讚他的周到，還將他的印刷廠推薦給其他客戶。良好的口碑，使富蘭克林的業務蒸蒸日上，而「客戶第一」便成了富蘭克林經營業務的理念。

那時，凱默發行了一份《賓夕法尼亞報》，富蘭克林曾多次在《賓夕法尼亞報》上發表文章，卻覺得這份報紙死氣沉沉，不夠活潑，不夠吸引人。而凱默對於這份報紙也沒有太大熱情，因為報紙並不賺錢。富蘭克林決定買下這份報紙，凱默便以賤價把報紙賣給了他。富蘭克林買這份報紙是為了發揮自己的理想，因此，他在報紙上發表的文章不僅生動，還傳遞新思想。在那個訊息閉塞的年代，富蘭克林總是把所收集到的資訊，盡快的發表在報紙上。因此，它的讀者群迅速增長，成為當地人最愛閱讀的

報紙。

　　另外，富蘭克林特地在印刷廠的廠房前面加開了一個店面，販賣紙張、墨水、筆、書籍以及許多其他日用品。顧客們除了來廠裡印刷各種書籍文件外，還可以順便購買文具等用品。雖然富蘭克林被騙往倫敦浪費了一年半的光陰，但他很快的重新站了起來。而他的夥伴墨瑞地斯卻不愛工作，常常喝酒誤事。一年以後，兩人拆夥，各奔前程。富蘭克林欠的本錢歸還給墨瑞地斯，另加利息。從此富蘭克林自己成了這家印刷廠的唯一老闆。

　　富蘭克林喜歡讀書，他知道書裡有許多許多知識，這些知識平時無法從日常生活中得到，那是他從小就發現的事。許多書很迷人，它們帶給讀者快樂、新知。但他覺得自己一個人知識豐富還不夠，不如讓附近的人們都

快樂，都變得知識豐富，所謂「獨樂樂不如眾樂樂」。讓朋友們都讀書，以讀書為樂！

於是，他發起了一個讀書會的組織。每個星期五晚上，大家聚在一起，討論讀書心得。他規定，凡是參加讀書會的會員，每三個月必須自己準備一篇文章。這篇文章的內容要有新知識、有獨到見解，有益於所有會員。至於參加的資格和條件很簡單：凡是熱愛知識，並有開闊心胸的人，都可以參加。就這樣，吸引了如土地測量員、鞋匠、文書人員、詩人等等來自不同行業的成員。這個讀書會前後持續了好幾十年。富蘭克林在自傳中談到：「這是當時最好的哲學、道德學和政治學學校。」

這樣的固定讀書會，讓許多普通人都提高了知識程度，也讓鄰近的人們成了更好的鄰居和朋

友。然而漸漸的，富蘭克林覺得這樣的型態、圈子太小，會員人數有限，受益的人也有限。於是他想到了一個辦法，發起了百人圖書館。這個讀書辦法，是讓大家每年每人出一點錢買書，書買回來以後放在一起，就是圖書館，大家可以把圖書館的書借回家慢慢讀。這樣一來，大家只花很少錢，卻可以讀到各樣不同的書籍。他這個構想得到大家熱烈的支持。

於是一時之間，費城有許多人紛紛效法這種讀書借書的方法，這也就是後來公共圖書館的由來。

9 私生子與婚姻

　　富蘭克林熱情而浪漫。他身材高䠷，書讀得多，胸中又有無窮點子。既勤奮做事，也愛高談闊論，整個人永遠充滿活力。對於周圍的朋友們，他似乎具有無窮無盡的吸引力，讓不少女孩子對他著迷。他二十四歲時，有了一個私生子，取名威廉。當時的社會風氣非常保守，女子未婚生子被視為恥辱，甚至會被處死；但對於男子則較寬容。為了保護這名女子，富蘭克林始終都沒有透露這名女子的身分。他非常喜愛這個兒子，雖然單身而忙碌，卻全心全意的撫養這個可愛的嬰兒。

　　富蘭克林與初至費城時結識的女孩戴實拉，雖然兩人對彼此都有好感，卻因為某些原因未能

結合。之後，戴寶拉嫁給了一個名叫羅介斯的男子，但婚後的生活卻很不愉快。

有一天，富蘭克林對戴寶拉提議：「我們結婚吧！」

「結婚？可是……」戴寶拉不敢相信自己的耳朵。

「不用發愁，我知道妳在愁什麼！」

「那，那，我還沒有離婚，怎麼和你結婚呢？」

「聽過『普通婚姻法』嗎？」

「沒有！」

「我們同居一段時間以後，就自然成為法定夫妻了！」

當年戴寶拉本來就是富蘭克林的女友，他剛來費城的時候就是她家的房客，住在她家的屋子裡。富蘭克林和戴寶拉天天見面，日久生情，只是兩人當年都只有十八歲，而他自己又要前往倫敦籌辦印刷廠事宜，因此戴寶

拉的母親不同意兩人更進一步交往。

在富蘭克林單獨去了倫敦之後，最初雖然人地生疏，不久卻也認識了幾個倫敦的女孩子。在那一年半期間，他只給戴寶拉寫了一封信，她以為他早已移情別戀，慢慢的，只好放棄這段感情，媽媽也勸她不要再痴痴的等他。而此時，名叫羅介斯的男子出現了，他浪漫、熱情，很快的就擄獲了戴寶拉的芳心，不久兩人便結婚了。可是結婚半年後，羅介斯就失蹤不見，從此再也沒有出現，顯然是個極不負責任的男人，卻又沒有和戴寶拉辦理離婚。

富蘭克林仔細讀過關於婚姻法的書籍，並作過研究：只要他們同居在一起，經過一段時間，年長日久，就可以被承認是夫妻關係。這樣的婚姻，就是所謂的

普通婚約，換句話說，他們既然實行了婚姻的實際內容，人們也就接受了他們是夫妻的事實，在法律上站得住腳，是合法的。

　　戴寶拉所受教育有限，也很少參與富蘭克林的各種公益事業，但她此後卻是富蘭克林永遠的得力助手。兩人婚後不久，首先生下一個男孩，取名富蘭克，四年後這個孩子因長天花＊而去世了。夫妻兩人感到萬分悲痛，卻無可奈何，只能接受命運無情的安排。

　　十年後，富蘭克林和戴寶拉又生了一個女孩莎莉，莎莉活潑可愛，在父母親的呵護下，健康快樂的成長。她一生和父母親的

＊天花　由病毒感染所引起的水疱性發疹。膿疱乾燥後會結痂，約經十幾天後，結痂脫落病就好了，但會在臉上留下瘡瘢，接種牛痘可以預防。天花為法定傳染病，所以患者必須採取隔離治療。「聯合國世界衛生組織」於 1980 年已宣布它從地球上絕跡。

感情非常融洽，有美滿的婚姻生活，有活潑快樂的下一代，並且，全力支持父親的事業。

10 修養和經營

在事業上，富蘭克林為了鼓勵自己和員工，提出了十三條身心修養守則，他把這些守則帶在身邊，時時反省。這些守則，至今仍有它們的價值和意義，大家不妨試試看。

1. 節制：食不過飽，飲不過量。

2. 謹言：於人無益者不言，避免瑣碎之談。

3. 次序：物有定位，事有始終。

4. 決心：做該做之事，盡全力完成任務。

5. 節儉：花有益於己和有益於人之錢，絕不浪費。

6. 勤勉：愛惜光陰，做有用之事，避免浪費時間。

7. 真誠：不欺騙不傷人，言行公正。

8. 正直：成人之美，不成人之惡。

9. 中庸：避免極端，克制報復心態。

10. 清潔：起居整潔有序。

11. 寧靜：不為瑣事煩憂。

12. 貞節：保護身體健康，不損害他人及自己的名聲。

13. 謙遜：為人處事，效法耶穌及蘇格拉底。

※　　　　　　※　　　　　　※

　　白紙從機器的一端進入，卻印刷上密密麻麻的黑字，從機器的另一端出來。多麼神奇！多麼美妙！而這些密密麻麻的黑字，述說著世界上無窮無盡的故事，讓人進入一個完全廣闊又神奇的不一樣的世界！富蘭克林喜愛這魔術般的印刷機，讓他為自己，

更為許多人效力。

他的印刷事業經營得井井有條，建立了良好信譽。費城許多公家機構開始讓他印刷各種公文，因為他的印刷效率高、錯誤少。

當時流行用硬幣，硬幣多半用金、銀或者銅做成，使用起來十分累贅。於是富蘭克林在報紙上鼓吹使用紙幣的種種優點。

紙幣在當時是嶄新的思想，大多數人都習慣依照傳統辦事，要人們接受紙幣，便需要製造輿論，讓多數人了解其中優點。富蘭克林除了在報紙上不停鼓吹紙幣的好處，在集會時也宣傳紙幣的便利。果然，他的見解在報紙上漸漸受到人們重視，政府機構和公司行號也紛紛同意他的意見。但怎麼印刷紙幣？怎樣執行如此新穎的觀念呢？富蘭克林有他的計劃，有他的整套辦法，有

他的專業知識，於是他的印刷廠被委託印製鈔票。印製鈔票需要高度技術，他必須更兢兢業業，讓印刷術更上層樓，這對他也是一種挑戰。

在那個資訊欠缺的年代，人們渴望資訊，渴望新知。人們渴望知道春耕秋收，潮起潮落，卻無法及時獲得這樣的資訊。有鑑於人們的這種需求，富蘭克林決定編印一本年鑑，那是在1732年，他把它取名為《窮李查年鑑》。在那個年代，這樣一本年鑑家家都有需要。它上面記載了去年發生的大事，也預報來年氣候是否大寒或者苦暑，並為出海捕魚的人說明潮汐漲落、日出日落的時間。為了避免這本小書太單調，他在每頁都印上許多格言或妙語，常常妙語如珠。比如：

＊處在兩個律師之間的鄉下

人，就像處在兩隻貓之間的老鼠。

* 沒有受教育的天才，就像沒有被開發的銀礦。

* 空口袋是沒辦法直直站立起來的！

* 如果要對敵人保密，最好別把祕密告訴朋友。

* 絕對不要把衝動和行動混在一起。

富蘭克林很善於寫幽默小品，筆端揮灑自如，這些格言不僅讓人覺得有趣、愛讀、可笑而且讓人深思。因此他的小小年鑑不僅有實際用途，而且兼具娛樂功效。

在費城，他的小書每年至少可以賣出一萬本，而當年費城全城人口也不過一萬五千人。許多鄰近地區如新澤西和紐約的居民，也喜歡購買這本書，放在家

裡做參考書用。這本年鑑自1732年推出以後，年年暢銷，前後持續二十五年之久。這本小小年鑑，竟讓富蘭克林賺了最多的錢。他在自傳中，為這本小冊子的暢銷感到十分驚喜。

在印刷這本書的同時，富蘭克林還經營許多其他項目。首先他發行了《賓州日報》。這份報紙，除了發布各種政府消息、各種立法條例，更可以讓他盡情發揮他的寫作才能，鼓吹各種新事務、新意見。由於他的高知名度，其他地方的政府也請他印刷公文，他的印刷事業越來越興隆。

後來，由於業務太多無法消化，富蘭克林便到其他地區尋找印刷事業夥伴，讓同行分享他的印刷繁榮前景。其實這就是現代連鎖商店的前身。

在此同時，賓夕法尼亞政府

並聘請他做郵政局長，總管該地郵政業務。富蘭克林對於郵政這項新業務非常重視，幾乎事必躬親，一定要達到他所希望達到的標準。因此郵政制度在他的努力奮鬥下，越來越完善。漸漸的，其他地方也紛紛聘請他代管郵政。他因此常到各地巡視道路，主要是為郵政運輸做調查和準備。他做事永遠認真、徹底、誠實、顧客第一！讓顧客感到滿意，是他經營各種業務的原則。不管他做什麼，都會本著同樣的信念，因此，富蘭克林不管從事任何行業都非常成功，而且也賺了很多錢。

在印刷和郵政繁忙的業務中，轉眼間，富蘭克林度過了四十歲生日。他覺得世界上要做的事實在太多太多了，而時間卻這樣有限，該怎麼辦呢？當他四十二歲的時候，已經具有很高的知

名度，他在費城也算是個成功的富人，不需要再為生活奔波，他相信自己已經擁有足夠的財富，可以很舒適的過此一生。人生有許多更值得追求的理想，若僅為更奢華的享受而消耗有限的生命，他覺得可惜，也很可憐。因此，他決定從商場上退休，把時間投注到更值得追求的理想上去。

他聘請了一位專家何先生，讓他管理他名下所有的印刷事業。何先生來自倫敦，在印刷界有他獨到的專業經驗和知名度。富蘭克林為他支付來回費城和倫敦的全程旅費，聘請他來當夥伴兼總經理。雙方講妥，如果試用以後皆滿意，何先生就在費城留下，否則，何先生可以回倫敦，一切費用由富蘭克林負擔。試用結果，雙方都很滿意。何先生既是夥伴，又是經營者，於是非常

賣力。他把富蘭克林的印刷事業完全當做自己的事業，最後便在費城留下，此生再也沒有回過倫敦。

富蘭克林既然有了一個理想的夥伴，幫他專心經營、發展印刷事業，如此一來，他就可以追求人生更高的理想了！

11 博士與發明

「退休？太年輕了吧？」

「他退休？大概是為了有時間追求別的理想吧！」

「是嗎？」

「你等著瞧吧！」

人們的議論十分正確。富蘭克林從印刷業務上退休後，生活變得格外活躍而多彩多姿。他有更多時間進行他的實驗和發明，有更多時間閱讀、研究；可以和學者切磋問題，向許多知識淵博的人請益。他感到整個大腦在不停的跳躍、不停的翻新，總有各種各樣的新花樣從那兒蹦出來。日常生活裡，就有無窮的小事可以改進。他環顧四周，發現人們身邊需要改善的地方實在太多了！由於人們日常的實用知識太貧乏，因此，應當設法增進人們

的常識。

　　就像他發起星期五讀書會，或是百人圖書館一樣，他寫了一本小冊子，書名是《推廣實用日常知識建議》，他在這本小書裡，歡迎大家提供並推廣各樣知識訊息。例如樹木花草的移植、如何把啤酒釀得更美味、如何養殖品種優良的動物、如何測量山川海岸土地等等。總之，富蘭克林鼓勵大家，參與這樣一個實際與理論結合的大實用科學社團。從運用大自然的電力，到控制宇宙中的種種物質，以增進人類生活上的舒適與便利為主旨。

　　富蘭克林依照這樣的宗旨，首先用種種實驗，改良了人們冬天時在屋子裡所使用的火爐。費城、紐約、波士頓以及整個北美洲東岸的冬天都十分寒冷，人們雖然在屋子裡用木材取暖，卻往往浪費很多木材仍達不到預期效

果。富蘭克林耐心的用種種方法，設計了這種火爐，既節省木材，又增強火力。屋子裡用了這樣一個火爐，可以很快讓人感到暖和。這種火爐到了21世紀，仍被人們使用，如果到商店裡去，依舊可以找到這種富蘭克林火爐。當年的賓夕法尼亞總督建議，給富蘭克林若干年的專利權，卻被富蘭克林婉轉謝絕了。

在那個時代，人們常常被無情的大火傷害，許多人在經歷一場大火之後，不是性命難保，就是家庭破碎。面對這種突如其來的災害，人的力量往往顯得微不足道，無論自己一家人多麼英勇，多麼努力救火，往往都是無濟於事，因為火一旦燃燒起來，靠幾個人的渺小力量要去撲滅，是不可能的。於是，富蘭克林想到一個辦法，那就是組織志願救火隊。平時就定期訓練這些救火

隊員，而經費由當地住戶各自認捐。如果平安無事便罷，一旦發生火災，這些平時訓練有素的志願救火隊員，就可以飛奔前去救火。這樣的組織剛開始在費城實行不久，就受到人們熱烈的擁護，大家發現，這樣的救火方式既省錢又省力，何樂而不為？這種救火組織，不僅費城各地紛紛仿傚，也很快傳到了鄰近的其他地區。這便是全美國延續至今的，志願救火隊的緣起。

18世紀的費城，正如許多剛建成的小城一樣，晴天時常常塵土飛揚，而雨天時則常因車輪陷入泥沼，造成馬驚人傷的情況，往往要耗損許多人力及時間進行救援。富蘭克林建議，全城鋪設整齊結實的石子路面，反正這是公共設施，人人可以使用；並且在馬路兩旁裝設一種煤油燈，晚間可以照明。有了這樣的改進，

費城很快就變得潔淨而美觀。此後，議會中有人提議設立公共醫院，因為人們都會經歷生老病死的過程，而醫生和護理人員有限，何不建一座醫院，讓病痛的人們集中護理，以節省人力物力，提高實效？富蘭克林全力支持這個提議，並在報紙上製造輿論，還用公共演講來推廣這個理念。於是，費城很快有了北美十三州殖民地最完善的醫院設施，這在三百年前是很了不起的創舉。

富蘭克林天生好奇，不停的在自己的屋子裡進行各種實驗，最出名的實驗是和電有關的。他常在雷電交加的雨天，帶兒子威廉到外面野地裡去放風箏，在線的末端綁了一把鐵鑰匙，他當時的設想是：天上有一股電，如果電碰到某種物質就會發出電光，那麼，如果擊中風箏末端的鑰

匙，它就會發出光亮。

在一個雷電交加的雨天，他和威廉跑到野地裡去放風箏，雖然渾身淋得溼透了，但手中的鑰匙竟真的發出了光亮！果然如富蘭克林所料，天上一定存在著電。只是一次實驗不夠，在一個雷電交加的雨天，他又帶著威廉跑到野地去捕捉電光。終於，富蘭克林證明了電的存在。

對於電，他用如此簡易的方法證明了它的存在，後來他陸續又做了許多實驗，有兩次還被電擊中了手指，幸運的是，電力較小，沒有被強大的電流電擊而死。他將實驗結果和過程，都詳細的記錄下來，並和英國科學家們書信往返，反覆討論後才做出各種結論。這樣成年累月的點滴成果，讓科學界對他肅然起敬，雖然他沒有受過正式科學訓練，但他的自學卻更難能可貴。

他的執著和耐心終於獲得許多科學界的認可。美國哈佛大學和耶魯大學首先給予富蘭克林榮譽博士學位。高等學府的認可，讓人們格外敬重富蘭克林。緊接著，英國倫敦皇家學院給予富蘭克林院士資格。而後，蘇格蘭的聖‧安魯大學給予富蘭克林法學博士的學位，因為他對美國立法精神有獨到的研究。英國牛津大學也跟著效法。俄國、德國、法國都紛紛給予富蘭克林各樣崇高的學位。國際間，富蘭克林的知名度越來越響亮。而他，對事對物乃至對整個世界，依然抱持著孜孜不倦的好學態度。

由於他知識淵博、經驗豐富，屢次被派到英國做各種各樣的外交談判。

在一次夜間的航行中，由於船長太累，在航行時竟然睡著了。船只差一點便要撞上險灘，

讓全船的人葬身海底。幸虧船上有位旅客沒有睡著，看到不遠處有燈光，高聲喊醒船長及時轉舵，才使全船的人脫離險境。富蘭克林由這次的經歷，領悟到「燈塔」對於航行船隻的重要，於是他以親身的危險經歷做例子，大肆宣傳燈塔對於航行船隻的重要，這讓許多國家開始花錢建造燈塔。

　　除了關注科學研究及公眾事務外，富蘭克林也非常注重教育，他曾出版了一本小冊子，書名是《給賓夕法尼亞青年的教育建議》。那時富蘭克林四十歲出頭，他發現賓夕法尼亞沒有完善的教育制度，也沒有公立學校。而當時的麻薩諸塞、新澤西、紐約甚至維吉尼亞都設有公立學校。因此他在自己辦的報紙上寫文章，再三強調公立學校的重要，說明年輕人的頭腦如果不好

好加以開發，就會像農田沒有好好耕種一樣，會雜草叢生，荒蕪不堪。自我學習固然重要，而學校的正規教育卻更是刻不容緩。

　　由於富蘭克林的大聲疾呼和到處奔走，費城終於建立了良好的教育制度。現在聞名於世的賓夕法尼亞大學就是在那時奠定了完善的基礎。

12

政壇漩渦

　　18 世紀的美洲新大陸，是歐洲列強都想據為己有的地方。西班牙、法國、英國都先後派兵據地殖民。西班牙由於種種原因，漸漸撤離，法國和英國勢力則不相上下。

　　1754 年，法國軍隊和當地印第安人聯合起來，對付英軍，賓夕法尼亞屬於英國殖民地，首先受到威脅，賓夕法尼亞的人民必須抵抗。而駐紮賓夕法尼亞的英軍，人數有限，武器不足，貴格教徒在費城屬於當權派，他們愛好和平，向來主張對人對事友善和平。這樣的政治主張，太平盛世時是件好事，但遇到強敵入侵，實在難以抵禦。如今法國和印第安聯軍來襲，如果仍然和平退讓，則必然自身難保，很快就

會被消滅。因此許多人主張起而對抗。

富蘭克林具有一定的聲望和勢力，部分當政者立刻要求他拿主意。中國古話說得好:「打仗打仗，打的是錢糧!」誰的錢財充裕，武器精良，誰就會打勝仗。

富蘭克林當然非常明白這樣的道理。他提議，以賣獎券的方式籌錢，購買武器，擴充地方軍隊。賣獎券的辦法一推出，果然響應熱烈，許多人紛紛購買。所花不多，卻買來得獎的希望，富蘭克林用此法籌到了一筆可觀的錢財。然後又採用了各種軟硬兼施的辦法，向紐約英軍將領買來十八門大砲，這樣的裝備，對法軍作戰時，果然發揮了應有的威力。

沒想到，這場戰爭一打就是九年，這期間不僅賓夕法尼亞參戰，南至維吉尼亞，北到加拿

大，都和法國聯軍有零星的作戰。這場綿延不斷的戰爭，其實就是英國和法國之間，爭奪美洲新大陸這片廣大土地的戰爭。

在運籌帷幄之間，富蘭克林發揮了他高度的政治天才。他很早就提議，新大陸的十三個殖民地必須聯合起來，要有一個統一議會，各地區選舉代表，定期舉行會議。共同組織軍隊，和英國正規軍隊配合，抵禦敵軍。然而各個殖民地意見分歧，英軍將領又貪功諉過，勝了沾沾自喜，敗了便指責當地百姓。而當時英王將賓夕法尼亞作為湯瑪斯‧潘的封地，湯瑪斯‧潘狂妄自大，把賓夕法尼亞視為自己的私人土地，不停的向殖民地百姓徵收苛捐雜稅，卻從不為殖民地百姓福利著想。

由於和法國及印第安人的聯軍長年作戰，而英軍將領妄自尊

大，顢頇無知，只知採用在歐洲平原的戰術，不懂游擊戰術以少擊多、以寡敵眾的道理。兩軍在都克桑尼堡的一場大戰，英軍大敗，狼狽不堪。最可笑的是，英軍將領在失敗以後，不思反省檢討，反而要求英國議會加重殖民地稅收，理由是稅收可用來作戰、用來保護百姓。人們生活本已夠苦，如今又雪上加霜。因此對英軍及湯瑪斯·潘都恨之入骨，人心暗暗思變。

　而湯瑪斯·潘認為既然英王把賓夕法尼亞封給他，土地就屬於他，不過賦稅得由居住在這片土地上的人民交付，他只需坐享其成即可，不必勞動，也不必交稅。是可忍孰不可忍？賓夕法尼亞議會裡的議員們發火了，這也代表著廣大的人民百姓發火了。議會再三和湯瑪斯·潘交涉，卻完全沒有共識。於是議會通過

議案，派富蘭克林親自到倫敦，向英王喬治三世交涉。

時值 1757 年，富蘭克林告別妻女，帶著成年兒子威廉上路。到倫敦以後，他和兒子租屋而住。房東瑪格麗特是寡婦，女兒名叫瑪麗。他們父子和這對母女相處得很融洽，富蘭克林和瑪格麗特尤其談得來，一度還想把兒子威廉與瑪麗湊成對，雖沒成功，富蘭克林和這對母女卻終生保持著良好的友誼，成了永遠的朋友。

13

誰應付稅？

　　富蘭克林是賓夕法尼亞議會派往倫敦，交涉要求大地主付稅的代表。湯瑪斯‧潘一家作為賓夕法尼亞的大地主，除了享受百姓的勞苦收穫，應當交付稅收給英王。富蘭克林雖用盡各種力量，但不僅湯瑪斯‧潘對他的要求冷嘲熱諷，不予理會，即使是新登基的英王喬治三世也不予支持。換句話說，賓夕法尼亞的老百姓需要交付所有苛捐雜稅，而英王所封的大地主，只需坐享人民辛辛苦苦的所得，而不需交付一分錢稅收。富蘭克林在這件事的交涉上算是完全交了白卷。

　　他在倫敦寫文章，並在英國國會議院裡發表言論，為殖民地百姓伸張正義，爭取應得的權利。雖每天和西裝革履的英國國

會議員們周旋，他卻穿著樸實，保持他的平民作風。他不僅自信滿滿，而且以此為榮。對於英王喬治三世和普通平民，他覺得沒有必要以不同方式對待。他堅信普天之下人人平等，這是富蘭克林令人永遠敬仰之處。

富蘭克林在倫敦生活了五年，盡心盡力為賓夕法尼亞做說客，雖不見成效，實是因為大勢所趨，難以扭轉。在這期間，他除了跑議會見英王，也結交了許多學術界、思想界的朋友，讓他的政治思想、人生哲學更趨於成熟。這對於北美十三州殖民地不久後即將實現的獨立自主，有極為難能可貴的幫助。

1762 年，他回到了揮別五年的費城，在歡聲淚痕中和久別的妻女團聚。這時，他除了是賓夕法尼亞議會議員外，同時也被委派為北美郵政總長。在他的領導

之下，北美的郵政大大改善，不僅北美各殖民地定時有郵件往返，波士頓、紐約和費城各大都會之間，每天都有郵件來回。郵件同時可以順利送往加拿大各英國屬地。在當年關山阻隔，水運受到季節影響，時常中斷的惡劣環境之下，郵件能夠如此暢通，實在是件不容易的事。

這期間，英軍單獨和法軍簽訂了和約，結束了雙方九年的纏戰。也就是說，這份和約不包括印第安人在內。印第安人仍是英軍的敵人，賓夕法尼亞西部仍時時受到印第安人的騷擾。當時的地主威廉‧潘私自決定，要用武力把印第安人殺光，包括無辜的婦女、兒童和老弱病殘。＊基於人道，富蘭克林不同意這種趕盡殺絕的做法，於是組織民兵隊，保護這些無辜而友善的印第安人。賓夕法尼亞殖民地老百姓也

都支持富蘭克林的做法。此次事件，在賓夕法尼亞議會中，再三提出討論以後，議員們深感威廉‧潘殘酷貪婪，沒有資格作為他們的地主。於是通過議案，取消威廉‧潘地主資格，此後凡事由議會直接和英王喬治三世交涉。富蘭克林這次又被委以此項談判重任。

＊當年，英國皇室將美洲殖民地封給英國臣民（像威廉‧潘這類的人）時，便讓這些地主握有對當地人民的生殺大權。他們可以搜刮民脂民膏，可以過其醉生夢死的生活，只要按時納稅給英國政府即可。所以，如果他們決定要把印第安人殺光，只要不動用英國政府大批財力物力，大都可以如願以償。

14 萬惡印花稅

　　依照英法兩國所簽訂的和約，英國是戰勝國，可獲得加拿大大部分土地，並擁有密西西比河以東所有版圖，英國的船隻，可以直接航行到紐奧爾良港口。這樣的勝利果實，完全出乎英國意料。只是，這些年的戰爭，也消耗了英國國庫。英國議會於是決定，在殖民地再加稅！讓英國萬劫不復的印花稅*，終於在英國議會順利通過。

　　時值 1765 年，那時富蘭克林恰好在倫敦，本是為取消威廉‧潘地主資格一事在倫敦奔忙。如

放大鏡

＊印花稅　所謂印花稅，指的就是凡是文件，比如房契、地契、出生證明、死亡證明、學校畢業證書、戶口遷出遷入、結婚證書等等，全須貼上英國政府發行的印花票，始能成為合法的憑證。

今，英國議會又對新大陸殖民地加收印花稅！天啊，這日子怎麼過？對新大陸百姓來說，這是件相當嚴重的事。

富蘭克林於是被委任交涉這件議案，反對加收印花稅。他用文字輿論和演說種種方法，警告英國議會議員，但沒有人理會，更沒有人重視他的說法。英國皇室和當權派都以為，這是理所當然的事。倫敦人生活得奢侈豪華，那是天經地義，至於遙遠的新大陸，那些庸庸碌碌的眾生百姓，挨餓受凍，理所當然。

這樣繁苛的稅收，隨時在提醒人們，生活處處都是賦稅，而抽取他們稅收的英國地主，完全不把他們放在眼裡，認為他們是天生的賤民，一輩子該受遠在英倫三島的主子奴役。這些主子剝削他們的辛勤所得，輕視他們的權利。人們越來越憤恨不滿，生

活越來越痛苦。

終於，人民的怒火引爆了。波士頓、紐約、費城等地都發生了暴動。他們自稱為「自由之子」，決定要為自己的前途爭取出路。在紐約殖民地的有識之士，提倡抵制英國貨物。這是個最有效、最直接的方法，立時傳遍其他各大城市，人民紛紛拒絕購買英國貨物。

富蘭克林此時正在倫敦，為美洲殖民地爭取各種應得的福利。他用犀利的文筆製造輿論，獲得去英國上下兩院演講的機會。在演說中他對議員們剖析了「印花稅賦」的可怕和嚴重性。他明白指出，它可能導致新大陸走向分裂獨立，這幾乎是新大陸唯一的出路。因為這般的經常加稅，人們沒有辦法生活下去，只有革命！反正也是死路一條。

英國議會裡為這個議案，進

行過許多場辯論。一些眼光短淺、心胸狹小的議員，仍然堅持加收印花稅。這期間，新大陸陸續發生了許多大小不一的暴亂。這些不停的暴亂，漸漸說服了大多數議員，而於 1766 年廢除了這條惡法。然而，因它而帶來的激怒憤恨，卻已深深的留存在殖民地百姓的內心深處，導致了十年後的美國獨立革命。

15

茶葉事件

「抽稅，抽稅！茶葉也要抽稅？」

「百姓們不要活了？」

「英國人才不管你呢！」

「我們不付，怎麼樣？」

「那就麻煩大了！」

新大陸的百姓們紛紛議論著，卻又無可奈何。在印花稅廢除之後，英國議會通過了一連串另外的議案，這些議案全是要對人民加稅。

首先，規定要徵收日用品賦稅，例如鉛、油漆、玻璃和茶葉等等。不僅如此，更通過議案，每家要供養英國士兵若干名，換句話說，百姓們必須在自己家裡供養駐守英軍，以便於他們來徵收稅賦。這不等於在自己家裡養條惡狗，動不動可以咬自己一

口？還有比這樣的事更令人髮指，更令人痛恨的嗎？

紐約首先反對這個議案，拒絕接受。於是英國議會制定法律，規定紐約如不履行此項議案，從此不准執行紐約所通過的任何當地議案，這令新大陸其他各地人民感到恐懼和不安。英國的目的很明顯，只要不遵從英國議案，繳交賦稅，就讓你日子不好過。為徹底執行，英政府甚至指派人品不佳或者破產的人到北美殖民地當總督。他們只顧著為主子和自己榨取百姓，等撈夠油水，填滿荷包以後，就拍拍屁股走人。完全不管後果，更談不到為英國和殖民地之間的長遠和諧關係著想了。

「這完全是自掘墳墓。」有遠見的人說。

「遲早是要受到懲罰的。」

「自作孽不可活！」

「看來這些英國人是活膩了。」

「反正也是死路一條，逼著人狗急跳牆。」

「咱們就給他們點顏色看看！」

依照許多有政治遠見的人的意見，這樣的預言，果然沒有多久就實現了。

此時，遠在英國的富蘭克林焦急的等待家人的訊息。

隔著大西洋重重的波濤，家中的信息來得很慢。1768年，獨生女莎莉在費城和一個當地商人李察結婚了，富蘭克林為這遲來的喜訊感到非常高興。1774年，另一艘來自新大陸的船隻到達，帶來的卻是令他哀傷的信息，他親愛的妻子戴寶拉因為急性腦溢血，匆匆離世而去！

他們已經分離將近十年，富蘭克林原以為去倫敦的任務，只

是半年而已,沒想到竟是漫長的十年歲月,他們只有靠著書信來往。那時海運非常不便,往往很久得不到彼此的信息。英國議會廢除印花稅議案初期,富蘭克林還在信中提到,也許,等北美十三州殖民地對於英國貨物開禁以後,他考慮為她買一件漂亮的衣裙,如今這個心願永遠不會實現了。

長住倫敦的富蘭克林,由於英國與美洲殖民地雙方關係越來越差,日子也越來越難過。還曾經差點被抓起來,當做叛徒送入監牢。其中有個事件,讓富蘭克林在倫敦議院裡被再三審查,幾乎定罪。時間是 1767 至 1769 年之間,富蘭克林手裡弄到一份波士頓總督哈欽伸的私人信件,信是寫給英國財政次長的。上面大意是說,新英格蘭遲早會叛變,所謂英國的自由很快會被劀除

……。富蘭克林把這封信抄錄一份，送往波士頓報紙發表。這消息在麻薩諸塞引起軒然大波。哈欽伸是替英國當差的，卻預言殖民地叛變。

倫敦的上議院，因此組成審查小組，專門調查富蘭克林。認為他散布不利於英政府的消息，並企圖爭取麻薩諸塞總督的位置。於是，他們蒐集各種各樣的資料，想盡辦法要定富蘭克林的罪。他們首先取消了富蘭克林郵政總長的職位，以示懲戒。後來經過漫長的兩年調查，卻無法證明富蘭克林有罪，最後只有草草收場，不了了之。

此時波士頓人民的不滿到達最高點，於是暴動發生了。1773年12月中旬，好幾艘英國東印度公司裝滿貨物和茶葉的貨船，進入波士頓港準備卸貨。碼頭上聚集了一些不滿繳納茶葉稅的百姓

高聲抗議，消息傳開後，群眾從四面八方趕來，轉眼之間至少聚集了五千多人。

「不准卸貨！」

「這是我們的碼頭，不准動！」

「英國佬滾回去！」

「憑什麼要交茶葉稅？」

「老子不准你的貨上碼頭，看你怎麼樣！」

人們群聚在碼頭上，對英國輪船大聲喊叫，宣洩著他們的憤怒，同時不准貨船在碼頭卸貨。抗議活動持續著，天也漸漸暗了下來，當晚大家聚集在老南教堂裡，商量著下一步該怎麼走。憤怒的群眾紛紛提出各種辦法，最後，辦法出來了：入夜之後，讓人裝扮成印第安人模樣，在夜色掩護下，潛入三艘貨船，把船上所有茶葉，統統倒入港口的海水之中。當晚，貨輪上所有的茶葉

統統被丟入波士頓港口海底。這就是美國獨立史上最有名的「波士頓茶葉事件」。

這消息令英國當權派非常震怒。但遠水救不了近火，他們無法立刻捕抓暴徒歸案。於是有人立刻把這筆帳記到富蘭克林頭上，認為是他煽動所致。對於這樣的指控，富蘭克林見怪不怪，完全置之不理，因為他知道，這種欲加之罪是無法成立的。經過重重刁難，他的罪名始終沒有成立。而此時，他在倫敦已度過十年歲月，已經為新大陸百姓盡力了，此時遙遠的故鄉正需要他，他覺得是回歸故里的時候了。

他選擇在春光明媚的4月初上船，帶著兒子威廉十六歲的孩子騰波同行。海上的時光非常美好，他利用船上悠閒時間，把在倫敦發生的重大事件一一記錄下來。並且觀察天文地理，把高爾

夫海灣的水流和氣溫都一一一記載下來，作為以後研究的依據。

　　當然，他們在船上的一個多月，並沒有想到，在麻薩諸塞和新英格蘭的新大陸移民，已經和英軍發生了一連串的軍事衝突，這等於是要挑戰統治者，要向英國宣戰。更沒有料想到，一個新國家將從此屹立在歷史的洪流中。1775年的5月5日，富蘭克林所乘坐的輪船到達費城，在馬克街碼頭靠岸。馬克街碼頭，這是他十七歲時，第一次胡亂闖蕩到費城時的碼頭，令他感到無限親切，無限溫馨。在心底深處，他覺得這才是他真正的家鄉。

16 獨立戰爭開始

「號外！號外！富蘭克林回來了！」

「號外！號外！富蘭克林回國了！」

報童揮舞著手中報紙，在街頭巷尾奔跑叫賣。人們紛紛停下腳步，掏錢買報。

富蘭克林是費城家喻戶曉的人物，他長年為費城人的福利操勞奔走，他像費城人的大家長。人們關心他，愛戴他。如今他從遙遠的倫敦回來了，讓人們感到溫暖而快樂。何況，目前這片土地上發生了一連串重大事故，要和英軍起衝突？還是快快停火？人們需要他的智慧和忠告。

費城的報紙紛紛加印號外，以頭版最大篇幅登載著富蘭克林回到費城的好消息。上面並選錄

他的談話:「富蘭克林博士說，他很高興，我們大家正全力準備對付即將到來的最壞情況。他說能回到故鄉，真是件最值得高興的事。」富蘭克林對於故鄉人們對他的熱烈歡迎非常感動。他覺得自己有許多消息要向大家報告，卻沒想到，故鄉的土地上發生了一連串的事故。

原來新英格蘭的民兵隊，已經和奉命銷毀康科德的彈藥庫的數百名英軍正式衝突了，雙方各有死傷。

待英軍往回程的路上行軍時，又被另一隊組織健全的民兵隊攔截阻擋。這次衝突規模大得多，因為民兵隊人數眾多，而且是有備而來，武器和人數都占了上風。彼此再度發生槍戰。最後英軍死傷一百多人，幾乎是士兵總人數的一半，民兵隊也死傷了一百多人。雙方沿途激戰，戰火

一直繼續到天黑。後來在夜色的掩護下，剩餘英軍才得以退回到波士頓海港，倉皇撤往停靠在碼頭邊的軍艦上，僥倖脫身。

這個消息傳到了英王喬治三世的耳朵裡，讓他感到非常震怒，傲慢的英國國會議員們更是怒不可遏。立刻宣布，新英格蘭背叛了英國，要派兵前往平亂。英國方面以為造反的只是新英格蘭，只要多派點軍隊去鎮壓就可以輕易解決問題。他們沒有想到，其實新大陸十三州正緊急召開大陸會議＊，全力支持新英格蘭。不僅如此，十三州都正在積極對英國備戰。富蘭克林義不容辭，立刻投入獨立戰爭中。

富蘭克林回到故鄉五天以後，北美十三州召開第二次大陸會議，任命華盛頓為美軍總司令。至於富蘭克林，大陸會議所交付給他的差事就太多了。首

先，任命他為外交委員，因為他的外交經驗最豐富；再任命他為安全委員，因為他最了解國際局勢；又任命他為美國郵政總監，一則他是老馬識途，再則他可以委派他年輕有為的女婿分擔重擔。議會決定付他每年一千英鎊的薪水，那時的一千英鎊可以購買一棟豪華住宅，他很感謝議會對他的工作給予豐厚的酬勞，只是這筆錢沒有分文入袋，他把全部薪水捐出，購買醫藥給受傷的士兵使用。

這時他雖已七十高齡，卻因為經驗豐富和才智出眾，而成為美國爭取獨立的過程中最忙碌的

放大鏡

＊第一次大陸會議時間是 1774 年 9 月 5 日，北美十三州選派代表至費城開會，主要目的是一致支持麻薩諸塞。由於 1773 年波士頓發生的「茶葉事件」，麻薩諸塞禁止英國貨物進口。英政府準備以武力對付當地居民。其他各州決定一致對抗英軍，也同時一律抵制英國貨物入口。會中並決定於 1775 年 5 月召開第二次大陸會議。第二次會議時，通過選舉華盛頓為總司令，招兵買馬，對抗英軍。

人。華盛頓雖被任命為總司令，卻既無軍隊也沒錢財，這就須倚賴富蘭克林來解決軍餉籌措的種種問題了。首先他寫信給他那位經商成功的女婿，讓他設法籌措軍餉。他計算著兩萬士兵每月需要花費多少錢，五十萬個家庭，假如每家每週少花費一些錢，那麼軍餉就足夠了。當然這只是理論，實際執行時，就碰到許多問題。

在為美國爭取獨立的過程中，富蘭克林花去了無限心力，但令人感到悲哀的是，他的獨生子威廉，當時是英王委派的新澤西總督，卻表明自己是忠實的保皇黨，和革命派唱反調。他這種一心忠於英國王室的舉動，讓新大陸的革命志士非常憤怒。革命軍雖再三告誡，威廉仍不為所動，於是革命軍在6月時將他逮捕，遞解到康乃迪克，並把他打

入大牢。

　　富蘭克林對於兒子威廉此種行為當然非常失望，也非常憤怒。既沒有去探望兒子，也沒有做任何解救兒子的努力。

　　多年以後，富蘭克林寫信給威廉說：沒有比年紀老大的時候，被自己唯一的兒子拋棄更令人傷心的事了。說得更確切一點，不是被唯一的兒子所遺棄，而是眼看他拿著武器來和自己宣戰。而這場戰爭卻與我個人的聲譽，以及身家性命密切相關。威廉為自己辯護說，他身為英王所指派的總督，有義務對英國皇室盡忠。富蘭克林回答說，也許吧，但人總應當具有比父子之間更高一層的情操。所以，我們各自為自己的理想生活吧。

17

獨立宣言

　　當年，富蘭克林在倫敦的時候認識了一個名叫托馬思‧龐的年輕人，他渴望移民到新大陸去。富蘭克林當時並沒有覺察到這年輕人有什麼特別優秀，但他願意幫助人，就簡單寫了介紹信給他的女婿，拜託他給托馬思介紹一份工作，並在生活上加以照顧。

　　托馬思被安排到印刷廠做技工助理，沒想到這是個思想十分激進的青年。他竟在短短時間出版了一本小冊子，書名是《普通常識》，共四十七頁。這本書非常具有說服力，其中最主要的觀點是：「現在我們應當依靠我們自己的力量，讓一切從頭來。帝王統治的年代已經過去，世界的新次序已經來臨。把政府掌握在自

己手中，是上天賦予我們的權利。」此書一出版立即銷售一空，人們爭相傳閱。殖民地大眾早已對英國的統治感到不耐煩，人心思變。人們意識到，以革命手段推翻英國政府的時機已經到來，百姓自己要做新大陸的主人，不能再默默承受英帝國所加給人們的痛苦。而這本小書恰恰給了人們理論上的基礎。

此時在費城正在召開大陸會議，幾乎所有與會代表都曾讀過托馬思‧龐的《普通常識》，大家都對獨立革命有了心理上的認識。於是會議中維吉尼亞代表首先提議宣布獨立，當時參加會議的十三個殖民地的代表，決定以不記名方式嘗試投票，結果僅七個殖民地同意這個提議。其他代表並不是不同意獨立，而是考慮應當選擇最恰當的時機。會議中大家同意，對宣布獨立的宣言再

延長三個星期，三週以後再正式投票。

　　議會指定了五人委員會，由他們起草獨立宣言，富蘭克林也是五人之一，本有人要他起草獨立宣言，但他實在太忙，於是大家推選較為年輕的傑弗遜執筆，他來自維吉尼亞，很具文采。傑弗遜雖再三推辭，最後在其他四人的堅持下接受，於是他全心全意集中精神，開始起草歷史上知名的「美國獨立宣言」。

　　傑弗遜於 1776 年 7 月 2 日完成草案，提到議會中宣讀、討論、辯論、修改，最後在兩天之內終於通過定案。1776 年 7 月 4 日正式提交議會投票，結果這次，十三個殖民地的所有代表統統投了贊成票。於是，一個新的國家──美利堅合眾國誕生了，這份最具代表意義的獨立宣言同時被印刷了幾十萬份，到處分

發。

　　響亮的鐘聲頓時響徹雲霄，燦爛的煙火照亮了城鎮的夜空，群眾聚集在大街小巷和廣場上，高聲的歡笑跳躍。如今，他們是美利堅合眾國這個新國家的人民，而不是英國殖民地的二等人民。然而，富蘭克林和所有代表都知道，這只是向美國獨立革命邁進了一大步，距離真正的獨立還有一段漫長艱難的遙遠路途。

　　美國雖然已向英帝國公開宣戰，卻不具備作戰的條件，既沒有海軍，也沒有裝備齊全的陸軍。美國需要幫助，環顧當時國際，整個世紀以來，只有法國和英國在新大陸發生了四次土地爭奪戰。也許，法國是美國獨立唯一也是最佳的友邦。

　　於是，議會一致通過，讓富蘭克林擔當起爭取法國援助的使者任務。雖然富蘭克林此時已七

十多歲，但他經驗豐富，在外交界見多識廣，而且具備寬闊的胸襟和遠大的眼光，除了他，沒有更合適的人選。於是，同年10月，他帶著女兒莎莉兩個十七歲和七歲的小孩，遠渡重洋，趕赴法國，尋求經濟和軍事上的援助。

18 求助法國

　　美國人都知道英、法兩國是死敵，但法國會幫助美國嗎？富蘭克林能夠完成任務嗎？一切都在未定之天。畢竟他們尋求的是極大的援助：軍隊、武器、彈藥、錢財、糧食等等；況且美國這些剛剛組成的民兵隊真能打敗英國正規軍嗎？富蘭克林也只有盡人事而聽天命了。

　　富蘭克林如今被委派的外交任務，關係到美國的獨立革命是否能夠成功，百姓能否從英帝國手中真正被解救出來，這就完全要靠富蘭克林的外交智慧和手腕了。法國國王路易十六，固然是英王的死敵，但要推翻帝制，建立共和，畢竟也危害到法國帝制，如今要他幫助美國，建立民主共和，令他心中不安。路易十

六此時心中充滿矛盾，對於美國的獨立戰爭，寧願把它視為是英國和自己殖民地的內亂，先採取靜觀其變的態度。

在寒冷的 12 月初，富蘭克林到達法國。又經過了整整三個星期的長途舟車勞頓以後，終於到達了巴黎。那正是 1776 年年底，巴黎人正熱烈的慶祝著舊年即將消逝，新的一年即將到來。

富蘭克林帶著兩個外孫在巴黎市區安頓下來。趁著和巴黎市民交談的時候，富蘭克林暗暗探聽法國人對於美國獨立的看法和態度。

而後他又祕密會見了法國外交部長，因為過去這九年來，他曾和他打過許多交道，多半是為了爭取法國對美國獨立戰爭的援助，他們私下交情不錯。法國外長告訴他，法國在表面上對此次戰爭表示中立，有一些私人經營的

商業公司，或許會在物資或武器彈藥供應上給美國幫助，但這絕對不代表法國官方立場，法國的態度是暫時觀望。

1777 年元月底，富蘭克林終於有機會正式拜見法王路易十六，並表達了美國請求援助的要求。路易十六對於這樣的請求，內心雖然充滿了矛盾和掙扎，最後仍然給予二百萬法郎的撥款。美國各方面的軍事配備原本都不足，這一大筆數字的援助，讓美國朝野上上下下歡欣鼓舞，士氣大振。

而路易十六之所以這樣做，主要還是為了報復許多年來被英國打敗的恥辱。如今英國的北美殖民地叛變，正是法國借此報仇出氣的最佳時機。法國的援助是否會從此源源不斷，那就必須看美國獨立戰爭的進展如何，如果英軍戰勝，這樣的援助就會很快

斷絕。人人都喜歡和勝利者站在同一邊，路易十六當然不會例外。

然而，華盛頓領軍開打的獨立戰爭進展得並不樂觀。英軍集結重兵守住紐約，建碉堡、築防禦工事讓美軍難以逾越。華盛頓手中有限的軍隊，對紐約英軍做了一次嘗試性的挑戰，結果是大敗而回，還好華盛頓撤退得宜，美軍才免於被英軍徹底消滅的命運。為了保存實力，華盛頓把軍隊從紐約越過新澤西撤到賓夕法尼亞。而此時，英國艦隊卻順著大西洋東海岸線，從北到南，任意穿梭巡弋在海岸線，完全不把華盛頓的革命軍放在眼裡。

1777 年 10 月，經過嚴格的訓練，抱著破釜沉舟的心情，革命軍在華盛頓的領軍下在紐約北部，打了一場漂亮的大勝仗。英軍將領波鋼尼率領六千名士兵投

降，包括他們的武器、大砲和各種軍用物資，全都被革命軍接收了。這場大勝仗不僅讓全美華盛頓軍士氣大振，更讓全新大陸的人們興高采烈，而最高興的莫過於富蘭克林了。

遠在巴黎的富蘭克林，此時有了充分的籌碼與法國談判。而法國此時則擔心英國直接和美國談判，這樣一來，法國便無法從中獲取任何利益了。

這場大勝仗之後，法國即刻公開承認美國是一個合法的共和國，那是 1778 年 6 月。法國此次的公然舉動，讓英國非常憤怒，立刻向法國正式宣戰。

在此之前，法國和美國曾簽訂條約，條約中規定，其中任何一國和英國宣戰，另一國必須幫忙；還規定，法國絕不取美國大陸上任何一塊土地。於是，這一次法國又給予美國二百萬法郎軍

費援助。因此法、美兩國之間的友誼變得格外堅定。而美國的獨立戰爭前景，從此變得格外光明燦爛。

19

巴黎十年

　　美法兩國協定簽訂以後，富蘭克林從熱鬧的巴黎市區，搬到華麗的巴黎郊區巴塞。這個美麗的市鎮，就座落在巴黎市和凡爾賽皇宮之間。在這裡，富蘭克林有棟寬闊漂亮的住宅。他晚年一直居住在這裡，直至他離開法國。此時富蘭克林年事已高，身體有著不少病痛。在這兒，常有滿座談笑風生的賓客。這樣的生活使他有時可以暫時忘卻身體的病痛。

　　如今，富蘭克林在歐洲已是非常受人尊敬的名人，不少高官、文人、貴族、富商都以和他結交為榮，他也很樂於和人們來往，因此，他家裡經常門庭若市。忙碌的社交生活不僅令他忘記病痛，也擴大他的生活圈，從

側面獲得許多外界的消息，對他的外交工作可說是有百利而無一害。

在社交圈裡，他以樸實的裝束，詼諧智慧的語言，穿梭在穿金戴銀的達官貴人裡，反而顯得十分雅致而特別，人們對他獨特的風格欽佩不已。他的女兒莎莉曾經從費城來信，希望富蘭克林為她買一些巴黎的奢侈品，比如法國流行的衣料、花邊布、黑色寶石別針，甚至一些巴黎流行的羽毛。

富蘭克林回信說：「很對不起，我不能違背我的原則，我的原則是崇尚樸實，既不會去替妳購買奢侈流行衣料，更不會去替妳尋找羽毛，我是絕對不會讓我的女兒去做這些蠢事的。再說，羽毛？何不從我們養的公雞身上拔幾根雞毛就得了？又新鮮又漂亮，為什麼要從法國巴黎買什麼

羽毛呢！」這就是富蘭克林的為人處世之道，對女兒也毫不例外。

富蘭克林一生推崇民主、自由、樸實，他自己的行為，也處處不違背這些原則。他終年戴著一頂河狸皮帽，暖和便宜，沒想到這種帽子竟很快成了巴黎人的時尚，達官貴人紛紛學他，也頭戴一頂河狸皮帽，可見人們對富蘭克林的敬仰。當他到法國議會演講時，無論是抵達或離開會場，都會響起無數熱烈的掌聲。更有藝術家把富蘭克林的頭像，雕刻在大型紀念章或者畫在盒子上，甚至刻在戒指上。富蘭克林在給女兒的信裡提到，他在歐洲知名度極高，幾乎和天上的月亮一樣，人人都知道他、認識他。法國有些人說，富蘭克林已經從獨裁者的手裡，奪得了天上的電光火石，奪得了地上君主手中的節杖。

20 巴黎女子

　　富蘭克林在英法兩國，結交了許多知識界的頂尖人物。和法國的文學泰斗伏爾泰＊更成了莫逆之交。有一次，在皇家科學院的集會裡，他和伏爾泰同時登臺，被介紹給大家，人們以最熱烈的掌聲鼓勵他們彼此擁抱，因為這象徵著兩人在文化領域中所代表的非凡成就。不久，伏爾泰去世，富蘭克林為他祈禱祝福，因為這位法國第一號大文豪，生前極不信任神職人員，他不願意讓神父或牧師主持他的葬禮。

　　富蘭克林在巴黎的社交圈是

＊伏爾泰　1694～1778年，法國思想家、作家。他以前半生在史詩及劇作上的成就和下半生在歷史與哲學上的創作，成為18世紀思想界的權威。他終其一生都在從事宗教、哲學、政治的辯論，雖然並非全是真知灼見，但由於廣博的才學與理性的精神，博得極高的聲譽，對當時社會的影響也很深。

名人，在歐洲18世紀的上流社會裡，和許多聞名於世的哲學家、歷史學家和文學家都有往來，彼此之間有著深深的敬重和欣賞。他們見面，不管天文地理、政壇祕聞、世界大事等等，永遠有談不完的話題。他們的集會裡，也常常有名媛貴婦在座。在當時的巴黎，這些貴婦人也大都受過良好的教育，談吐優雅超俗。

妙的是，富蘭克林還很受女士們喜愛。其中有兩人和富蘭克林最聊得來：一個是他住在巴塞的鄰居——貝龍夫人。貝龍夫人是個虔誠的天主教徒，已婚，年齡只有富蘭克林的一半。但她非常愛慕富蘭克林，愛他的文采、樸實純真、幽默詼諧、獨到的人生哲學等等。她不僅常常和他打情罵俏，還常寫情書給他。他們住得很近，彼此經常往來。

另一位是合薇蒂奧夫人，她

是寡婦，非常漂亮世故，是巴黎上流社會典型受人們喜愛的貴婦。她繼承了丈夫的遺產，獨資經營著一家沙龍*。

那裡經常有歐洲當代第一流的小說家、文人、藝術家或哲學家出入，富蘭克林是那兒的常客，他和這些人有說不完的話。但他更喜歡和沙龍女主人眉來眼去，甚至偶爾也會打情罵俏，但也僅止於此而已。畢竟，富蘭克林背負著沉重的外交任務，何況，年歲老大，他只不過是在工作之餘放鬆身心，尋找生活樂趣，忘卻終年纏身的病痛，如此而已。

放大鏡

＊沙龍　法語 salon 的音譯。原指大房子裡的會客室或客廳。後用以指在其中舉行的各種集會，尤指文人、藝術家和政治人物的集會。流行於 17、18 世紀的歐洲。美術上沙龍指展示畫作的畫廊，也指藝術家定期的展覽會。

21 外交公使

　　富蘭克林是美國出使巴黎的使者中資歷最深、見識最廣、經驗最豐富的元老。和他同時來巴黎的使者阿瑟・李，生性多疑，對於周旋在身邊的法國人極不信任，而且以前沒有和法國人打交道的經驗，總是對法國人的種種批評不已。作為一個出使法國的使者，這種疑神疑鬼的態度，根本沒有辦法完成任何外交任務。這讓富蘭克林對他感到非常不滿。

　　而阿瑟・李則向議會指控富蘭克林挪用公款。議會根據他所提供的資料，在議會裡讓會計人員再三審核，結果並無法證實他對富蘭克林的指控，於是議會把阿瑟・李調回，另外派遣約翰・亞當斯前去。

　　亞當斯是一位政治思想理論家，也是獨立革命實行家，在麻薩諸塞極具威信。雖然，他尊敬富蘭克林的淵博知識和莫大成就，但他和富蘭克林的相處，並不是水乳交融，富蘭克林對亞當斯也僅止於禮貌往來，互相尊重，兩人談不上是推心置腹的朋友。

　　亞當斯在日記中批評富蘭克林，說是早餐以前根本無法見到他，至於早餐時他又會花去很多時間進餐，盡情享受他的每一道食物。每當早餐完畢，門外已有許多人恭候要拜見偉大的富蘭克林，等所有的拜訪賓客離開以後，就該是富蘭克林出門，去參加宴會的時候了。因為富蘭克林從不拒絕任何邀請，尤其對於豪華鋪張的宴會更感興趣。亞當斯抱怨說，富蘭克林根本沒有時間和他討論國家大事。

　　其實，亞當斯的抱怨是不公平的，因為就在這段時間，富蘭克林和國內有非常頻繁的公文信件來往。他甚至購買了一部小型印刷機，將一些例行公事用印刷機印刷，節省了許多時間，其中包括美國公民所需要的護照。如果用手抄寫，所花費的時間就不知怎樣計算了。不過，這當然不是亞當斯所能了解的。

　　這時，富蘭克林確實也感覺到歲月不饒人。

　　1781 年，他甚至向國會提交了一份辭呈，在裡頭他說，去年冬天，他深深被足踝的痛風所折磨，久久沒法恢復當年的健康和體力。他再也沒法享受航海的樂趣，甚至考慮在巴黎退休，並在此安享天年。這份辭呈並沒有獲得議會的同意，議會拒絕了他的要求。而且，就在同年，富蘭克林已經七十五歲高齡的時候，議

會委派了富蘭克林和另外四位代
表組成五人委員會，代表美國和
英國談判。

22 與英國和談

　　從 1776 年美國宣布獨立，到1781 年秋天，英美之間的戰爭，已經進行了整整五年。無數的生命在這場戰爭中死傷，大家受夠了戰火下的日子。百姓們無不渴望和平，渴望過平靜安詳的日子，不管在新大陸還是英國國內，百姓們的想法都是一樣的。沒有人願意不停的打下去，是該停止戰爭的時候了。

　　和談，這樣的想法，在美國國內已經醞釀了很長一段時間，但並沒有人真正提出正式討論。直至 1781 年秋天，英軍又大大的打了一次敗仗。

　　英軍將領康維爾，帶領軍隊向美軍投降。這次的大勝仗讓人們開始意識到，應當是與英國談判的時候了。議員們立即開會決

定，要派使節去巴黎，開始和英國議和，由於這一次的大勝仗，美國更可以用它作為籌碼，好好的討價還價。

議會首先派遣約翰‧傑，他當時正在西班牙代表美國要求西班牙援助，但西班牙實際上並沒有真正貸款幫助美國獨立。後來議會還另派維吉尼亞的傑弗遜，但他拒絕前往。而勞倫斯則代表南方各州，到法國巴黎去和英國代表談判。但勞倫斯在赴法途中，卻被英國艦隊捉拿，所以無法出席。因此，真正代表美國和英方談判的代表委員，只有富蘭克林，亞當斯和約翰‧傑三人。

這三人當中，亞當斯已經和法國鬧翻，他和法國外長之間根本不講話。約翰‧傑剛從西班牙來此，之前和西班牙周旋時，受了他們許多閒氣，爭取不到西班牙對美國的任何幫助，他對於外

國人完全不信任。只有富蘭克林和法英兩國都有著良好的個人關係。法國再三強調，美國和英國談判時，必須凡事通報法國。富蘭克林滿口答應，使亞當斯認為，富蘭克林根本完全被法國人玩弄在掌心之中，要是他個人就根本不可能讓法國知道談判內容。

他們三人，各顯神通，私底下各自分別和英國人接洽、試探、溝通。而此時，英國國內人民普遍厭戰，英國對於這場漫長的戰爭，也感到疲倦而厭惡，和談的時機確實到了。

三人和英國方面的非正式談判，持續到 1782 年秋天，直至同年 11 月，總算有了較為具體的共識。此時，富蘭克林才稍帶歉意的告訴法國外長，一年來美國代表和英國之間的談判狀況。法國外長當然表示抗議，但他的抗議

十分溫和，因為法國對於這場戰
爭也感到厭倦，對於投入戰爭的
物資金錢，都讓法國感到負擔太
沉重。既然和談已顯露曙光，站
在法國立場，也感到十分欣慰，
因為政府已經快被這場戰爭拖垮
了。

　　到了 1783 年 9 月 3 日，英美
雙方在巴黎簽訂了巴黎條約，終
結了長達七年的獨立戰爭。首
先，英國承認美國十三州每一州
的獨立性，這一點絲毫不容質
疑。至於美國國土疆界，則北起
緬因州，伸展至密西西比河之南
的墨西哥海灣。這樣的疆界既令
美國十分驚喜，也是法國所始料
未及的。條約中還規定，英美雙
方應立即釋放戰俘，而英軍即刻
自美國大陸撤退所有駐軍。美國
在戰爭中拖欠英國商人的欠款，
應當歸還。另外，凡在戰爭中，
忠於英國的保皇黨，所遭受的財

產損失，應由各州個別償還，但每一個個案，應由各州個別處理，並沒有百分之百的保障和承諾。依照富蘭克林的說法，戰爭沒有好壞之分，只是這一次因戰爭而帶來的和平，並不算是太壞。

和平到來以後，富蘭克林又忙著和歐洲其他國家談判，又為美國從法國那裡爭取到為數不少的金援，和前幾次所爭取的加起來，總數高達二千一百萬法郎，這在18世紀，實在是個嚇人的天文數字。

富蘭克林的聲名遠播，連美國新大陸的天主教主教人選，梵諦岡的教皇也請富蘭克林推薦，並聽從了富蘭克林的建議，派遣了他所推薦的人選。

23 永遠的巴黎客

　　18世紀居住在巴黎的人們，相信一種動物催眠術，據說這種催眠術可以醫治各種各樣的病痛。這種流行的說法，在社會上非常盛行，許多人因此而受到欺騙，遭受金錢及生活上的各種損失和傷害。因此，法國皇家學院聘請富蘭克林對此做公正調查。

　　富蘭克林欣然接受了這個任務，開始從各個角度收集資料，做詳細研究，進而加以判斷，最後再做精準正確的結論。他公布的報告是：所謂動物催眠術可以治療各種病痛，完全是欺騙公眾的無稽之談，不過是要詐取金錢罷了。而人們之所以願意相信，完全是社會風氣使然。他的結論是：每個時代都有類似的流行邪說，假以時日，自然會消聲匿

跡。

他的公正報告，讓流行在巴黎的邪說不攻自破、煙消雲散。讓無數人避免了被詐騙、勒索的可怕命運。

閒不住的富蘭克林永遠無法清閒過日。當他知道美國國會通過以白頭鷹作為美國國鳥的時候，他覺得並不妥當，因為鷹十分好戰，怎能代表美國的立國精神呢？遠不如美國當地土產的火雞更為恰當。因為火雞愛好和平，不與人爭，當人們飢餓的時候，還供人們充飢，實在可以說是品格高尚。當然，國會通過的議案他沒有辦法改變，何況他也沒有投票權，只是想要讓人們知道他的心聲罷了。

忙碌不已的生活總要有個了結吧？畢竟，他已經快要過八十大壽了。他終於向美國國會再度提出要回國的請求。雖萬分不情

願，美國國會這次終於批准富蘭克林的請求，准許他辭去外交委員的職務，選派傑弗遜接替富蘭克林的職務。傑弗遜到達法國已經是 1785 年夏天，富蘭克林把職務交接清楚後，於 6 月搭乘輪船回國。

當輪船經過倫敦的時候，已是炎熱的 7 月天。他和自己唯一的兒子威廉見了面，兩人短短相聚了三天，談起許多過去的點點滴滴。

美洲殖民地已經革命成功，如今是新大陸的美利堅合眾國。作為英國保皇黨的戰俘，威廉被釋放回國，回歸英國定居。而富蘭克林是美國的開國功臣，如今要回國接受人民的禮讚。父子之間，當年雖因彼此的政治立場完全不同而關係決裂，如今也達到了某種程度上的諒解。

揮揮手，富蘭克林再度走向

駛往費城的輪船。父子從此天涯永別，對於年邁體衰的富蘭克林而言，此次父子聚首令他一生不再有憾。

24 新國家新天地

　　富蘭克林又回來了！叮噹！叮噹！叮噹！費城的教堂裡紛紛傳出響亮清脆的鐘聲，彷彿在不停的對人們宣布著：富蘭克林終於回來了，富蘭克林終於回來了！費城是他真正的家！人們都擠到街邊，爭著要看看這位費城的大家長，要向他致敬，要向他致謝。謝謝他多少年來為費城為新大陸所做的種種。

　　當船到達費城的時候已經是9月中旬，他的輪船再度停靠在馬克街的碼頭上。那是他最熟悉最懷念的碼頭，那代表著他真正的故鄉。

　　費城以轟隆隆的禮炮和儀隊迎接富蘭克林的歸來。他的家離碼頭不過三四條街，當載他回家的馬車行走在街道上的時候，所

有費城教堂裡，都傳出了溫暖而輕快的鐘聲，叮噹！叮噹！叮噹！

「外公！外公！」

「歡迎外公回家！」一個穿得漂漂亮亮的小女孩，手中拿著一朵玫瑰花。女兒莎莉快樂的擁抱著許多年不見的老爸爸。

他從未見過面的外孫們，齊聚在老家門口，熱烈的歡迎他回到故居。雖然老家房屋曾被英軍破壞，但美國獨立革命成功了！家宅被毀壞是小事，美國獨立革命成功，這才是最重要的大事。富蘭克林感到無限欣慰。

「國人對我的熱烈歡迎，完全超出我的想像。實在太令人高興了！」他給遠在法國的另一個外交委員的信上如此寫著。

18世紀末期，歐洲舊大陸是一個封建而保守的社會，有限的土地早已世代屬於既定家族，他

們形成社會上的統治階層，世襲特權階級永遠壟斷著有限資源，大多數平民百姓，過著毫無前程的黯淡日子，有些貧民生活得悲慘而絕望。而今，美麗的大西洋彼岸，竟然出現了一個嶄新的國家，以短短的七年時間，以平民百姓的力量，竟然戰勝了強大無敵的大英帝國！怎能不令人神往？許多無助無望的百姓，都渴望到新大陸去開闢天地，建立一個美好的家園。

在巴黎的時候，富蘭克林常被許多法國人包圍著，詢問他關於移民美國的種種細節。由於人們總是重覆詢問著同樣的問題，富蘭克林決定出版一本小冊子，書名叫做《遷往美國須知》。除了提供各種實用的答案之外，他還特別以自己本身的經驗，給有心去美國的人們一些忠告。

他強調說，是的，美國確是

一個充滿機會的大好天地，但這兒的大好天地，只給做好準備的人。願意耕田的農夫，有一技之長的各種各樣技術人才，都在受歡迎之列。人們見面不會問你是誰，而是問你會做什麼？只要你有一技之長，一定會受到歡迎。任何人，只要工作做得好，品行端正，表現出色，人們就會接納他、尊敬他。

如果這個人是歐洲貴族出身，只希望藉由這樣的背景就能出人頭地，而要獲得大家的敬仰，那無異是緣木求魚，他一定會徹底失望。

在歐洲，貴族的頭銜也許有它的價值，但在美國，這樣一個講求實際的國家，空洞的頭銜卻完全沒有任何價值和意義。在美國沒有爵士和貴夫人，因為這兒沒有階級劃分，人們不分高下貴賤。當然，在這兒百分之九十的

人們生活貧苦，因為整個新大陸沒有所謂的富人，但這兒所說的貧苦，卻遠沒有歐洲所見到的那樣可憐。其實在這個國家裡，大多數人所過的都是中等生活，大多數人生活也都過得去，生活得很快樂。

在美國，人人都必須工作，即使是農田裡的動物都不例外。

富蘭克林在《遷往美國須知》中說了個笑話，他說在這兒只有豬不做工，每天吃了睡，睡了吃，什麼事都不做。他就像歐洲國家的紳士，不出任何勞力，只享受大家勞動的結果。在美國，豬就是唯一的紳士，當然，做紳士是要付出代價的，那就是最後讓大家殺了吃。所以，如果要來美國，最好是農人、工匠、瓦匠、皮匠、印刷匠或者紡織工的後代，而不是血液中有貴族血統的貴族子孫。因為，美國是個

以勞動為主的新天地。

　　他這本書讓許多要來美國的歐洲人，對新大陸有了清楚的認識和了解。

25 美國基本憲法

　　回到費城後，富蘭克林好好休息了幾天，國家馬上給了他新任務。美國雖然獨立了，也訂立了憲章，但憲章並無實際權力去約束各個州政府。因此，十三州各自為政，誰也不聽命於誰。

　　而中央政府，實際上是由各州代表集會而成，既沒有實權，更沒有足夠的經費推行任何政策，而且也沒有固定首都，每次開會地點不定，有時在紐約，有時在費城。若要推動某種全國性的政令，例如稅收和貿易等等，還要向各個州政府乞討經費，借用人員，甚至重新磋商條款等等。地方政府對於中央毫無敬意，更不聽從指令，對於中央權限常常質疑。這樣的中央政府，對內對外，都毫無威信，必須重

新整頓。 1786 年時，麻州的農民甚至起而違抗稅收，發生了暴亂。

基於這種迫在眉睫的壓力， 1787 年國會決定在費城召開制憲會議，每州都硬性派遣代表若干人。富蘭克林為賓州代表，華盛頓為維吉尼亞州代表。這兩位深具威望的傑出領袖人物的出席，使得這次會議收到了意想不到的效果。

這次會議制定了最具體最具權威的憲法，這是美國開國以來的最大成就。確立了行政、立法、司法三權鼎立。立法權屬於眾議院和參議院。眾議員的人數由每州居住的人口按比例產生，參議員的人數規定每州只能產生兩名，不管州中人口多少，只能投出兩票。這樣，既照顧了立法的公平性，也照顧到較小州的利益，不至於被大州所壟斷或控

制。這個辦法就是富蘭克林所提
出來的，而且美國國會一直沿用
至今。

這樣的憲法成果，當然經過
了激烈的辯論、爭議、討論，最
後才完成。有些代表仍不滿意，
認為結論並不完善，卻又想不出
更妥善的辦法，於是不肯在憲法
上簽字。富蘭克林此時提出了他
個人的看法，並寫成洋洋灑灑的
文字，讓一位年輕的代表替他在
大會上宣讀。最後的結論是：「各
位先生們，我完全同意這份憲法
並不完善，因為我從來沒有期待
它是最完善的。」

他在文章中強調，人性本就
不夠完善，正如宗教上所強調
的，人都有缺陷，大家如今何不
反身自省？目前憲法的基本條例
正確，若有缺陷也是理所當然。
誰能保證制定一個萬無一失、十
全十美的憲法版本？經過富蘭克

林的懇切呼籲，與會的代表們終於全體簽字，通過了美國立國的基本憲法。

基本憲法在國會通過以後，便分別送往各州，讓州議會逐一認可、批准、通過，大約半年以後，到了 1788 年夏天，有足夠的州議會通過批准了基本憲法，於是憲法生效。依據美國憲法，美國舉行大選，華盛頓成為第一任美國總統，於是一個全新的美利堅合眾國，在新大陸誕生了。世界上多了一個民主自由的國家。一切依照憲法行事，富蘭克林感到無限欣慰。

26 黑奴

　　基本憲法制訂完成。美國有了總統，有了中央政府，體制健全。富蘭克林晚年本可以好好歇歇，但他永遠閒不住，有太多重要的事在等著他。他又開始著手另一個更艱鉅、更難以實現的歷史任務──就是解放黑奴。

　　1787年費城的一些開明人士組織的「費城廢除黑奴協會」，邀請富蘭克林當協會會長，他爽快的滿口答應。因為，他堅決相信，所有人類生來是平等的。首先，他在報紙雜誌上呼籲，禁止販賣或進口黑奴。那時在南方各州，買賣黑奴非常普遍，他以溫和的方式解說人權平等的重要性，並提供解放黑奴以後的各種幫助黑奴的方法，例如讓他們受教育、學習生存技術，這樣就會

成為社會上有用的公民，而不會成為社會的負擔。

　　他在國會中提出議案，廢除黑奴！由於南方各州有大片農田，必須依靠黑奴來耕種，尤其有些莊主擁有廣大農莊如棉田、煙田等等，需要大量的廉價勞力。當地選出的議員不願違背本州人民的意願，因此投下反對票。廢除黑奴的法案沒有通過，最後只有妥協。

　　經過再三辯論、研討，進口和販賣黑奴的商業行為，只可以再繼續二十年，也就是說直至1808 年，買賣黑奴算是合法的。最後議會通過了這樣的妥協議案。對於這樣的妥協，富蘭克林很不滿意，但卻無可奈何。他說，這違背了美國立國精神，到新大陸來的人，原是尋求自由平等，怎能剛剛站定腳步，就奴役他人？黑奴難道不是人嗎？然

　　而，黑奴買賣的情形在新大陸變本加厲，在南方尤其嚴重。

　　富蘭克林生前，沒有解決美國的黑奴問題。美國的黑奴問題，在他死後八十年，引發了南北戰爭。戰爭持續了漫長的四年時間，死傷了上百萬的美國人後，買賣黑奴、僱用黑奴的問題才獲得解決。如果人們早有富蘭克林的遠見，及早制止黑奴制度的猖獗與蔓延，也許美國立國以來，這場唯一的內戰可以避免，而不至於摧毀許多家園，讓許多寶貴的生命消逝，造成了南北之間多年的仇恨。

27

宗　教

　　許多人想知道富蘭克林能有如此輝煌的成就，到底是什麼原因？他孜孜不倦，對國家社會，甚至人類福祉如此全心投入，他背後究竟有股什麼樣的巨大推動力呢？是宗教信仰在支持著他嗎？

　　當時的耶魯大學校長史特樂斯，也是一位虔誠的基督教牧師，他寫信給富蘭克林，希望了解他對信仰的看法。富蘭克林坦誠的承認，這是第一次有人直接詢問他，關於他個人的信仰問題。

　　他回答說，年輕的時候，自己曾經改寫過祈禱文，後來也替〈創世記〉多添加了一個章節，目的是為了強調，宗教需要容忍的重要性。至於他自己，對信仰

問題的態度是這樣的：我相信冥冥之中有神明，而這個神明的最大心願，是讓我們幫助人，要我們做好事。另一個世界對我們的審查，必然以我們在這個世界的所作所為為依據。我相信，所有的宗教，都以這樣的原則為準則，這樣的宗教，就是我所信仰的宗教。

「那麼你信仰耶穌基督嗎？」史特樂斯一定要富蘭克林說清楚。

「這個問題我無法簡單回答，必須加以說明。」富蘭克林說。

「請講！」

「耶穌基督所講的基督教義我同意，因為那無非是勸人向善，原則是正確的。」

「那就是相信基督教。」

「不對。我無法相信耶穌作為天上的神！這個說法不合乎理

性，不合乎自然法則。」

富蘭克林說他對宗教沒有研究，也不打算提倡他個人的宗教看法。他更風趣的說：「至於是不是真有造物者，好在我很快就會知道了。畢竟我年已老大，我的看法是不是正確，等我到了另一個世界的時候，自然會有個答案，目前我不打算多浪費時間爭論。因為誰也無法證明到底有沒有神。」

總體而言，他尊重各種教派。每逢費城有新教堂落成，他都會捐款。而且他和大多數牧師或神職人員，都保持友善良好的關係。但他很少上教堂，因為以前去過教堂，聽過不少牧師講道，大多數講道者，都只涉及到宗教的外殼，而沒有辦法觸及到宗教的核心。

其實說穿了，宗教裡所強調的仁慈、行善、悲天憫人等等，

也就是一句話：對人好，這些他完全同意。但教堂卻花費太多時間在宗教儀式上，在慶祝節日上，在唸誦經文上。因此，富蘭克林不願意浪費時間在這些事情上。

28 永別

　　兩三百年前，一個人能活到八十四歲的高齡，算是很少見到的奇蹟。那時候，人們的居住環境差，醫藥不發達，衣食營養都沒法和現代相提並論。而富蘭克林所面臨的更是一個動亂的年代，那個動亂的年代，帶給他許許多多艱苦的遭遇。到晚年的時候，富蘭克林身體十分虛弱，生命的最後時限似乎到了。他整整一年沒有離開自己的臥房。

　　那雖然是個美麗的春天，花草樹木剛剛開始發芽，他卻病倒了。那是1790年的4月10日，病中他發高燒，呼吸困難，最後進入昏迷不醒的狀態。七天以後的午夜，醫治富蘭克林的家庭醫生宣布，富蘭克林靜靜的離開了人世。結束了他豐富多彩的八十四

年有用的生命。

許多年前,那時他身體健朗,有一天心血來潮,他想,假如有一天自己死了,要在自己的墓碑上寫些什麼呢?要讓世人知道自己是什麼樣的人呢?他為自己寫了一篇墓誌銘:

富蘭克林的身軀

(像一本舊書皮,它的內容已毀,一如書皮上的鍍金)

如今躺在這兒,

成為蛆蟲的餐食,

但這本書未曾失落,

它還會重現,

(正如他所信賴的)

是一本重新裝訂的優美版本,

由他的原作者

修訂過也改正過。

但最後在他去世前,他改變了看法,他決定修改墓誌銘,並

將遺囑重新修訂。他將墓誌銘大大簡化，只用了一行最簡單的話說明：

印刷工富蘭克林

他被安葬在費城基督教堂墓地裡，旁邊就是他的妻子戴實拉，和當年四歲時早逝的幼兒富蘭克。

4月21日下葬的那一天，數千人參加了葬禮。國會議員麥迪遜提出臨時動議，希望國會議員們戴黑紗一個月，以示哀悼，全體議員無異議通過。

第二年春天，在費城較大的教堂裡，再度舉辦了一場全國性的追思紀念會，以便讓全國人有機會來紀念富蘭克林。總統華盛頓和夫人馬莎，副總統亞當斯和夫人愛碧戈，都到達了教堂。全國會的眾議員和參議員也都出席

了，商界、政界、軍界和費城的印刷界，以及市民們都紛紛來到教堂，以便瞻仰他們所崇敬、所仰慕的一代偉人，並珍重的向富蘭克林道一聲珍重再見。

威廉‧史密斯首先致哀辭，他說富蘭克林是新大陸的照明者，是為大眾受苦難的典型聖人，是科學界的太陽，是所有公民的楷模，是天生的領袖，至今仍在引導大眾。因為這是一個新國家，還沒有經歷過各類艱險，雖然富蘭克林如今長眠地下，但他的精神仍在開導並鼓舞著大家前進。

傑弗遜的悼詞則是：「富蘭克林是本世紀，以及這個國家，所生活過的，最偉大的人物，他像天空裡吸引力最大的燦爛恆星，許多微弱的星光，也許會在黑暗中消失，但富蘭克林卻永遠發光閃亮！」

如果悼詞不足以表達人們對富蘭克林的敬意，那麼一些畫家的畫作，則以更生動的筆法，更具活力的想像，以光彩奪目的色彩，表達了對他的敬意。比如法國畫家吉拉德，畫了一幅龐大生動的油畫：

富蘭克林在畫面上象徵著一個萬能的偉人，他從天上抓下了電光，從獨裁者手裡奪過來寶劍，他彷彿可以叱吒風雲，像一個萬能之神，隨時可以引導世人。

這張油畫，代表著當時典型的法國人們，如何刻意把富蘭克林神化了。畢竟，富蘭克林在法國巴黎度過了許多時間。許多法國人把他視為法國的一部分。

另有一位法國版畫家，在富蘭克林去世前兩年，以他為主角，創作了一幅版畫作品，畫面周圍環繞了許多天上的仙女和神

仙，富蘭克林所代表的是獨立的
美國，美國的解救者。對法國人
而言，自由就是富蘭克林的同義
詞，富蘭克林所代表的，就是他
們所了解的美國。他們喜愛他所
代表的自由精神。

　　儘管人們把富蘭克林神聖
化，但他卻是一個最實際的普通
人。他也盡量努力把周圍的人們
帶入現實世界，他不鼓勵人們唱
高調，也不喜歡人們做些不切實
際的事情。他喜歡人們把空想化
為可行的計畫，加以實現。他從
心底盼望，人們能把生活的瑣瑣
碎碎，加以實質上的改善，因
為，這樣一來，世界會變得美好
而有用。

　　比如說，在他出生的麻州，
一些人曾經決定把小鎮命名為富
蘭克林，希望他在這個小鎮即將
蓋好的教堂尖頂上，放置一座漂
亮的鐘，由他出錢捐贈。他對這

樣的提議不以為然，立刻回覆了
一封信：

別麻煩了，教堂上蓋尖頂
只是為了好看，沒有什麼實際
用途。教堂頂上更用不著一座
鐘。這樣吧，我會送一批書籍
給教堂會眾。書比鐘有用多
了。不管怎麼樣，大家從書裡
多學點本事，多懂得許多道
理，這要比聽聽鐘聲有用得多
了，也有意思得多了。

他果然送了一批書給教堂，
內容包羅萬象。當地的會眾多半
是樸實的農民，這批書讓他們大
開眼界，發現書的世界原來如此
寬廣開闊。這時才終於明白了富
蘭克林的用心良苦。從此，教堂
定期從每年的會眾捐款裡，撥出
部分，專門購買書籍。如今，這
個教堂的圖書館，已成了當地藏

書最豐富的圖書館。這就是富蘭
克林最實際的地方。

　　富蘭克林究竟是怎麼樣的一
個人？對於 18 世紀的人們而言，
無論是在巴黎、倫敦、費城，人
們的理解應當是：他就是費城的
一個印刷工，他單純而充滿理
想，誠實、幽默、快樂而且對人
性充滿希望。如今正平靜的躺在
這兒。

富蘭克林

1706 年　1 月 17 日，在波士頓出生。

1718 年　開始到哥哥詹姆士的印刷廠當學徒。

1723 年　和哥哥鬧翻，離家出走。先至紐約，後至費城。

1724 年　被騙至倫敦，兩年後輾轉回到費城，再當印刷工。

1727 年　與人合夥開辦印刷廠，購買《賓夕法尼亞報》，使它成為賓夕法尼亞最受歡迎的第一大報。

1732 年　出版《窮李查年鑑》，大大暢銷。此後年年連續出版，達二十五年之久。

1749 年　以風箏實驗成功證明電流的存在。發明富蘭克林火爐，耐用省料。

1753 年　獲得美國哈佛大學、耶魯大學榮譽博士學位、英國倫敦皇家學院院士資格。

1757 年　代表賓夕法尼亞議會前往倫敦，向英王喬治三世爭取減免賦稅。

1762 年　回到費城。

1776 年　被選為起草獨立宣言五位代表之一。美國宣布獨立。10 月，
　　　　富蘭克林被派往法國爭取法國援助。

1778 年　法國公開承認美國。

1783 年　做為美國三大代表之一，與英國簽訂巴黎條約。

1785 年　回到費城。

1787 年　被選為制憲大會代表。

1790 年　4 月 17 日，在費城家中去世，享年八十四歲。

獻給孩子們的禮物

「世紀人物100」

訴說一百位中外人物的故事

是三民書局獻給孩子們最好的禮物！

- ◆ 不刻意美化、神化傳主，使「世紀人物」更易於親近。
- ◆ 嚴謹考證史實，傳遞最正確的資訊。
- ◆ 文字親切活潑，貼近孩子們的語言。
- ◆ 突破傳統的創作角度切入，讓孩子們認識不一樣的「世紀人物」。

藝術家系列

榮獲2002年
兒童及少年讀物類金鼎獎

第四屆
人文類小太陽獎

~帶領孩子親近二十位藝術巨匠的心靈點滴~

喬托	達文西	米開蘭基羅	拉斐爾
拉突爾	林布蘭	維梅爾	米勒
狄嘉	塞尚	羅丹	莫內
盧梭	高更	梵谷	孟克
羅特列克	康丁斯基	蒙德里安	克利

兒童文學叢書

第一次系列

生命不能重來，童年無法NG

提供孩子生活所需的智慧維他命，
與孩子共享生命中的成長初體驗！

我的蟲蟲寶貝

一套充滿哲思、友情與想像的故事書
展現希望、驚奇與樂趣的
『我的蟲蟲寶貝』！

想知道

迷糊可愛的毛毛蟲小靜，為什麼迫不及待的想「長大」？

沉著冷靜的螳螂小刀，如何解救大家脫離「怪傢伙」的魔爪？

膽小害羞的竹節蟲阿比，意外在陌生城市踏出「蛻變」的第一步？

老是自怨自艾的糞金龜牛弟，竟搖身一變成為意氣風發的「聖甲蟲」？

熱情莽撞的蒼蠅依依，怎麼領略簡單寧靜的「慢活」哲學呢？

國家圖書館出版品預行編目資料

永恆之星：富蘭克林 / 孟絲著;卡圖工作室繪.－－初
版二刷.－－臺北市：三民，2010
　　面；　　公分.－－(兒童文學叢書 / 世紀人物100)

ISBN 978-957-14-4956-2　(平裝)

1.富蘭克林(Franklin, Benjamin, 1706-1790) 2.傳記
3.通俗作品

785.28　　　　　　　　　　　　　　　96025465

© 　永恆之星：富蘭克林

著 作 人	孟　絲
主　　編	簡　宛
繪 者	卡圖工作室
發 行 人	劉振強
著作財產權人	三民書局股份有限公司
發 行 所	三民書局股份有限公司
	地址　臺北市復興北路386號
	電話　(02)25006600
	郵撥帳號　0009998-5
門 市 部	(復北店) 臺北市復興北路386號
	(重南店) 臺北市重慶南路一段61號
出版日期	初版一刷　2008年2月
	初版二刷　2010年10月修正
編 號	S 782050

行政院新聞局登記證局版臺業字第○二○○號

有著作權‧不准侵害

ISBN　978-957-14-4956-2　（平裝）

http://www.sanmin.com.tw　三民網路書店